Artemis & Winkler

Jean Guitton
Grichka und Igor Bogdanov

Gott und die Wissenschaft

Auf dem Weg zum Metarealismus

Aus dem Französischen
von Eva Moldenhauer

Artemis & Winkler

Titel der französischen Originalausgabe: Dieu et la science. Vers le métaréalisme.

Die Übersetzung erfolgte aufgrund der revidierten 2. Auflage vom Januar 1992.

Deutschsprachige Ausgabe: Artemis & Winkler Verlag

Satz: Filmsatz Schröter GmbH, München
Druck und Bindung: Clausen & Bosse, Leck
ISBN 3-7608-1900-1
Printed in Germany

Ein wenig Wissenschaft entfernt uns von Gott,
viel jedoch führt uns zu ihm zurück.
Louis Pasteur

Inhalt

Die in Klammern gesetzten Hochziffern beziehen sich auf folgende Werke:

1 *Science and Technology*, Science Foundation, 1979.
2 *Science et Conscience*, Stock, Paris 1980.
3 David Bohm, *Die implizite Ordnung* (übers. v. J. Wilhelm), Dianus-Trikont, München 1985.
4 Hubert Reeves, *Patience dans l'azur*, Le Seuil, Paris 1988.
5 John Gribbin, *Auf der Suche nach Schrödingers Katze* (übers. v. F. Griese), Piper, München 1987.
6 Ilya Prigogine/Isabelle Stengers, *Dialog mit der Natur* (übers. v. F. Griese), Piper, München ^{6}1990.
7 Steven Weinberg, *Die ersten drei Minuten. Der Ursprung des Universums* (übers. v. F. Griese), Piper, München ^{6}1986.
8 Heinz R. Pagels, *Cosmic Code. Quantenphysik als Sprache der Natur* (übers. v. R. Friese), Ullstein, Berlin 1983.
9 Bernard d'Espagnat, *Auf der Suche nach dem Wirklichen* (übers. v. A. Ehlers), Springer, Berlin-Heidelberg-New York 1983.
10 J. D. Barrow/F. J. Tipler, *The Anthropic Cosmological Principle*, Oxford University Press, Oxford 1986.

Einleitung

Dieses Buch entstand aus einer Reihe von Gesprächen sowie einer Begegnung mit demjenigen, den die philosophische Tradition für den letzten großen christlichen Denker hält: Jean Guitton.

Der Leser findet hier also eine Art »gesprochene Philosophie«, wie sie früher in anderen Kulturen, bei den Griechen oder im Mittelalter, geübt wurde. Ganz natürlich sind wir zu folgenden einfachen und wesentlichen Fragen gelangt: Woher kommt das Universum? Was ist das Reale? Hat der Begriff einer materiellen Welt einen Sinn? Warum gibt es etwas und nicht nichts?

Wie man es auch dreht und wendet, es gibt nur drei Wege, sich diesen Fragen und ihren möglichen Antworten zu nähern: den der Religion, der Philosophie und der Wissenschaft. Bisher haben nur die Religion und die Philosophie, jede auf ihre Weise, versucht, den Menschen Antworten vorzuschlagen.

Doch in einer Welt, die mehr und mehr von der Wissenschaft und ihren Denkmodellen, von der Technologie und ihren Lebensweisen besetzt ist, hat die philosophische Rede ihre einstige Wahrheitskraft verloren; von den Humanwissenschaften bedroht, außerstande, ideologische Systeme hervorzubringen, die ihn zumindest zu einer politischen Leitfigur machen würden, scheint der Philo-

soph im Begriff zu sein, sein letztes Privileg zu verlieren: das heißt zu denken.

Bleibt die Religion. Aber auch hier sieht es so aus, als gerieten die aus der Wissenschaft stammenden Erkenntnisse mehr und mehr in Widerspruch zu der tiefen Ordnung der im Heiligen wurzelnden Gewißheiten: Gott und die Wissenschaft scheinen zu Welten zu gehören, die sich so sehr voneinander unterscheiden, daß niemand auf den Gedanken käme, sie miteinander vergleichen zu wollen.

Dennoch weisen uns bestimmte Anzeichen darauf hin, daß der Moment gekommen ist, neue Wege zu öffnen, hinter dem mechanistischen Erscheinungsbild der Wissenschaft nach der fast metaphysischen Spur von etwas anderem zu suchen, das zugleich nahe und fern, mächtig und geheimnisvoll, wissenschaftlich und unerklärlich ist: vielleicht so etwas wie Gott.

Genau danach haben wir in diesem Buch gesucht. Aufgrund der Verschiebungen, die die Philosophie und die Religion unter dem ungeheuren Druck der Wissenschaften erfahren haben, war es unmöglich, eine Beschreibung des Realen zu wagen, ohne auf die jüngsten Ideen der modernen Physik einzugehen; und nach und nach wurden wir zu einer anderen Welt geführt, zu einer seltsamen und faszinierenden Welt, in der die meisten unserer Gewißheiten in bezug auf die Zeit, den Raum und die Materie nur noch bare Illusionen waren, die sich zweifellos leichter erfassen ließen als die Realität selbst.

Gemeinsam mit uns wird sich der Leser nun nach den kaum begreifbaren Konsequenzen einer der größten Ent-

deckungen der modernen Physik fragen können: Die »objektive« Welt scheint außerhalb des Bewußtseins, das ihre Eigenschaften festlegt, nicht zu existieren. Damit wird das uns umgebende Universum immer weniger materiell: Es läßt sich nicht länger mit einer ungeheuren Maschine vergleichen, sondern eher mit einem gewaltigen Gedanken.

Wenn daher die Hypothese des Universums als Maschine von Laplace-Einstein zusammenbricht, dann kippt und erlischt in ihrem Gefolge allmählich auch der große Komplex der materialistischen und realistischen Modelle. Doch zugunsten von was?

Betrachtet man die Ideengeschichte etwas genauer, so sieht man, daß zwei entgegengesetzte Strömungen, zwei gegnerische Modelle nebeneinander herlaufen und bisweilen aufeinanderprallen: der Spiritualismus und der Materialismus. Dem spiritualistischen Protokoll zufolge, wie es zum erstenmal mit Thomas von Aquin auftauchte, dann schrittweise von Leibniz oder Bergson verfeinert wurde –, ist das Reale eine reine Idee und hat folglich keinerlei materielles Substrat im strengen Sinn: einzig gesichert wäre lediglich die Existenz unserer Gedanken und unserer Wahrnehmungen.

Die materialistische Lektüre des Realen zwingt zu einer völlig entgegengesetzten Auffassung: Von Demokrit bis Karl Marx sind der Geist und der Bereich des Denkens lediglich Begleiterscheinungen der Materie, außerhalb derer nichts existiert.

Diese beiden Lehren über die Natur des Seins sind durch die ihnen entsprechenden Erkenntnistheorien zu ergänzen: Idealismus und Realismus. Läßt sich das Reale erkennen? Unmöglich, antwortet der Idealist: Nur die Erscheinungen, die rings um das Sein verstreuten Vorstellungen sind uns zugänglich. Der Realist behauptet das Gegenteil. Für ihn läßt sich die Welt erkennen, da sie auf Mechanismen und Räderwerken beruht, die zwar kompliziert, aber rational, berechenbar sind.

Nun stehen wir jedoch am Beginn einer Revolution des Denkens, eines epistemologischen Bruchs, wie ihn die Philosophie seit mehreren Jahrhunderten nicht erlebt hat. Wir haben den Eindruck, als käme auf dem von der Quantentheorie eröffneten Weg ein neues, radikal anderes Weltbild zum Vorschein, das sich auf die beiden früheren Strömungen stützt, um sie zu überwinden und ihre Synthese herzustellen. Diese sich herausbildende Auffassung befindet sich diesseits des Spiritualismus, aber weit jenseits des Materialismus.

Inwiefern handelt es sich um ein neues Denken? Insofern, als es die Grenzen zwischen Gott und Materie verwischt. Daher haben wir beschlossen, ihm den Namen Metarealismus zu geben.

Kann das Auftauchen dieses neuen philosophischen Standpunkts überraschen? Nicht wirklich, wenn man bedenkt, daß er innerhalb einer epistemologischen Verschiebung großen Ausmaßes Platz greift, die viele Denker, insbesondere Michel Foucault, vorausgeahnt haben.

Letzterer hat den Wandel des Wissens – und damit der Denkweisen – von der Renaissance bis in unsere Tage beschrieben, wobei er zwei große »Momente« in der Geschichte hervorhob: Nachdem das Denken analogisch gewesen war und sich im wesentlichen damit befaßte, zwischen verschiedenen Klassen von Objekten oder Phänomenen Beziehungen herzustellen, gewinnt es gegen Ende des 17. Jahrhunderts eine neue Dimension, indem es die Phänomene in ihrem quantifizierbaren, mechanischen und berechenbaren Aspekt erfaßt: Es ist die Herrschaft des logischen Denkens.

Wie steht es mit uns am Ende des 20. Jahrhunderts? Heute entspringt der wissenschaftlichen Erkenntnis – gegen den gesunden Menschenverstand und ohne Mitwirkung der Philosophen – eine völlig andere Weltauffassung, eine Anschauung des Universums, die in heftigen Konflikt mit der gewöhnlichen Vernunft gerät, so verblüffend, so unverdaulich sind ihre Konsequenzen.

Liegt dieser neue Raum des Wissens, in dem sich nach und nach ein revolutionäres Denken metarealistischer Art entwickelt, nicht de facto jenseits der klassischen Logik? Sind wir nicht bereits im Begriff, eine metalogische *Denkweise zu erlernen?*

Die Veränderung ist erheblich. Während sich das Feld des logischen Denkens auf die systematische Analyse der unbekannten – letztlich jedoch erkennbaren – Phänomene beschränkt, überschreitet das metalogische Denken die letzte Grenze, die es vom Nichterkennbaren trennt: Es liegt jenseits der Sprachen, sogar jenseits der Verstandeskategorien. Ohne etwas von seiner Strenge einzubüßen, rührt es an das Geheimnis und bemüht sich, es zu beschreiben. Als Beispiele mögen die Unentscheidbarkeit in der Mathematik (die aufzeigt, daß sich unmöglich beweisen läßt, ob ein Satz wahr oder falsch ist) oder die Komplementarität in der Physik (die besagt, daß die Teilchen oder, genauer, die elementaren Phänomene Korpuskel und gleichzeitig Wellen sind) gelten.

Der erste, entscheidendste Akt eines metalogischen Denkens besteht also darin anzuerkennen, daß es physikalische Grenzen der Erkenntnis gibt: ein ganzes Netz von Grenzen, die nach und nach identifiziert, häufig sogar berechnet werden, Grenzen, die die Realität umgeben und die zu überschreiten absolut unmöglich ist. Ein besonders signifikanter Fall einer solchen physikalischen Barriere wurde im Dezember 1900 vom Physiker Max Planck aufgezeigt. Es handelt sich um das »Wirkungsquantum«, bekannter unter dem Namen »Plancksche Konstante«. Von extremer Kleinheit (ihr Wert beträgt $6{,}626.11^{-34}$ Joule-Sekunden), stellt sie die kleinste in unserer physikalischen Welt existierende Energiemenge dar. Verweilen wir einen Augenblick bei diesem geheimnisvollen wie staunenswürdigen Faktum: der kleinsten »denkbaren mechanischen Wirkung«. Wir befinden uns hier vor einer Dimensionsmauer: Die Plancksche Konstante bezeichnet die Grenze der Teilbarkeit der Strahlung und damit die äußerste Grenze jeder Teilbarkeit.

Die Existenz einer Untergrenze im Bereich der physikalischen Wirkung hat natürlich zur Folge, daß sie andere absolute Grenzen rings um das wahrnehmbare Universum einführt; so stoßen wir unter anderem auf eine äußerste Länge – »Plancksche Länge« genannt –, die das kleinstmögliche Intervall zwischen zwei scheinbar getrennten Objekten darstellt. Desgleichen bezeichnet die »Plancksche Zeit« die kleinstmögliche Zeiteinheit.

Das stellt uns vor eine verwirrende Frage: Warum existieren diese Grenzen? Aufgrund welchen Geheimnisses sind sie in dieser so präzisen und zudem berechenbaren Form aufgetaucht? Wer – oder was – hat ihre Existenz und ihren Wert bestimmt? Und schließlich: Was befindet sich dahinter?

Wenn man bereit ist, sich auf das metalogische Denken einzulassen, wenn man vor dem Unerkennbaren nicht zurückschreckt, wenn man zugibt, daß dieses Unerkennbare im Mittelpunkt des modernen wissenschaftlichen Vorgehens steht, wird man begreifen, warum die jüngsten Entdeckungen der neuen Physik die Sphäre der metaphysischen Intuition berühren. Nebenbei wird man auch besser verstehen, inwiefern Einstein – der letzte klassische Physiker, der davon überzeugt war, daß das Universum, die Realität erkennbar sind – sich geirrt hat; heute, an den seltsamen und beweglichen Grenzen, die die Quantentheorie gezogen hat, machen ausnahmslos alle Physiker die Erfahrung eines Agnostizismus neuer Art: Die Realität ist nicht erkennbar; sie ist verschleiert und wird es immer bleiben. Diese Schlußfolgerung akzeptieren heißt entdecken, daß es für die physikalische Seltsamkeit eine Ersatzlösung gibt: die logische Seltsamkeit.

Eine Logik der Seltsamkeit? Weniger bedurfte es nicht, um jenes neue Begriffsgebäude zu begründen, das mächtigste, aber auch verwirrendste unseres Jahrhunderts: die Quantentheorie. Mit ihr lassen sich die dem gesunden Menschenverstand gemäßen Interpretationen des Universums, wie die Objektivität und der Determinismus, nicht mehr aufrechterhalten. Was müssen wir an ihre

Stelle setzen? Daß die Realität »an sich« nicht existiert. Daß sie davon abhängt, auf welche Weise wir sie zu beobachten beschließen. Daß die elementaren Entitäten, aus der sie besteht, ein Ding (eine Welle) und gleichzeitig ein anderes Ding (ein Teilchen) sein können. Und daß diese Realität in jedem Fall, in der Tiefe, unbestimmt ist. Obwohl von mehreren Jahrhunderten physikalischer Theorien und Experimente untermauert, schwindet die materialistische Weltsicht vor unseren Augen. Wir müssen uns darauf vorbereiten, in eine völlig unbekannte Welt einzudringen.

Ein weiteres Auftreten dieser logischen Seltsamkeit? Die Existenz einer Ordnung im Chaos. Welche Gemeinsamkeit besteht zwischen einer Rauchsäule, einem Blitz am Himmel, einer im Wind flatternden Fahne oder dem Wasser, das aus einem Hahn fließt? Diese Phänomene sind in der Tat chaotisch, das heißt ungeordnet. Doch wenn man sie im Licht jenes neuen Herangehens, der Chaostheorie, betrachtet, entdeckt man, daß scheinbar desorganisierte, unvorhersehbare Ereignisse eine sowohl überraschende als auch tiefe Ordnung verbergen. Wie läßt sich die Existenz einer solchen Ordnung inmitten des Chaos erklären? Genauer: Warum und auf welche Weise erscheint die Ordnung in einem der Entropie unterworfenen Universum, das unausweichlich einer wachsenden Unordnung zustrebt?

Dieses Buch beschränkt sich also nicht auf eine alles in allem klassische Erforschung der Geheimnisse des Geistes und der Materie; es begnügt sich auch nicht damit, dem Leser einen fesselnden Zugang zum Glauben und zur

Religion zu bieten. Es erschließt vielmehr eine neue Kosmologie, eine vollkommen andere Art, die Realität selbst zu denken: Hinter der sich verflüchtigenden Ordnung der Phänomene, jenseits des äußeren Scheins stößt die Quantenphysik auf überraschende Weise an die Transzendenz.

Kurz, diese erste explizite Begegnung zwischen Gott und der Wissenschaft, diese Arbeit, die in der seltsamen Welt der fortgeschrittenen Physik eingeschrieben ist, enthält vielleicht auch den Aufflug einer neuen Metaphysik. Besteht heute nicht eine Art Konvergenz zwischen der Arbeit des Physikers und der des Philosophen? Stellen sie nicht beide dieselben wesentlichen Fragen? Jedes Jahr beschert uns eine reiche Ernte an theoretischen Veränderungen jener Grenzlinien, die unsere Realität umgeben: das unendlich Kleine und das unendlich Große. Die Quantentheorie wie die Kosmologie schieben die Grenzen des Wissens immer weiter vor, bis sie das fundamentale Rätsel berühren, das dem menschlichen Geist gegenübertritt: die Existenz eines transzendenten Seins, sowohl Ursache als auch Bedeutung des großen Universums.

Und findet man letztlich in der wissenschaftlichen Theorie nicht dasselbe wie im religiösen Glauben? Ist nicht Gott selbst nunmehr auf dem letzten Grund des Realen, den der Physiker beschreibt, sinnlich wahrnehmbar, erkennbar, fast sichtbar?

Vorbemerkung

Ich wurde im ersten Jahr des 20. Jahrhunderts geboren. Nachdem ich nun das Alter erreicht habe, wo die Erinnerungen sich von der persönlichen Zeit *ablösen* und sich in große historische Strömungen einfügen, fühle ich, daß ich ein Jahrhundert durchlebt habe, das in der Geschichte des denkenden Geschlechts auf diesem Planeten ohne Beispiel ist: ein Jahrhundert irreversibler Brüche, unvorhersehbarer Erneuerungen. Mit den letzten Jahren des Jahrtausends geht eine lange Epoche zu Ende: Wir treten, als Blinde, in ein *metaphysisches* Zeitalter ein. Keiner wagt es zu sagen; immer schweigt man über das Wesentliche, das unerträglich ist. Aber es erhebt sich eine große Hoffnung für diejenigen, die denken. Und in unseren Dialogen möchten wir zeigen, daß der Zeitpunkt einer unabwendbaren Versöhnung zwischen den Forschern und den Philosophen, zwischen der Wissenschaft und dem Glauben naht. Mehrere herausragende Denker, von prophetischem Geist beseelt, hatten diese Morgenröte angekündigt: Bergson, Teilhard de Chardin, Einstein, Broglie und viele andere.

Auch Igor und Grichka Bogdanov haben sich für diesen Weg entschieden. Sie baten mich, mit ihnen ein Gespräch über die neue Beziehung zwischen Geist und Materie, über die Gegenwart des Geistes in der Materie zu führen. Sie haben sich vorgenommen, den »Materialismus« und »Determinismus«, die die großen Denker des 19. Jahrhunderts inspirierten, durch einen *Metarealismus* zu ersetzen, wie sie ihn zu nennen wagen: eine neue Weltsicht, die sich den Menschen des 21. Jahrhunderts nach und nach aufzudrängen scheint.

Ich habe ihre Bitte nicht abschlagen können. Ich war einverstanden, ein Gespräch mit ihnen zu führen. Und ich erinnerte mich an ein anderes, geheimeres Gespräch: an meine Begegnung mit Heidegger, der einen so großen Einfluß auf unsere Zeit ausgeübt hat. Heidegger, der in Symbolen sprach, hatte mir auf seinem Arbeitstisch, neben dem Bild seiner Mutter, eine schlanke, durchsichtige Vase gezeigt, aus der eine Rose ragte. In seinen Augen drückte diese Rose das Geheimnis des Seienden aus, das Rätsel des *Seins*.

Kein Wort vermochte zu sagen, was diese Rose sagte: *sie war da*, einfach, rein, heiter, stumm, selbstsicher, mit einem Wort, *natürlich*, wie ein Ding unter den Dingen, das die Anwesenheit des unsichtbaren Geistes hinter der allzu sichtbaren Materie ausdrückt.

Mein Leben lang war mein Denken mit einem Problem befaßt, das sich uns allen stellt: mit dem Sinn des Lebens und des Todes. Im Grunde ist dies die einzige Frage, auf die das höchstentwickelte, einzig denkfähige Lebewesen der Erde von Anfang an stößt. Im zoologischen System zu den Säugetieren gehörend, ist der Mensch das einzige Lebewesen, das seine Toten bestattet, das einzige, das an den Tod denkt, das seinen Tod *denkt*. Und um seinen Weg in der Finsternis zu erhellen, um sich dem Tod anzupassen, hat dieses dem Leben so gut angepaßte Tier nur zwei Lichter: das eine heißt *Religion*, das andere *Wissenschaft*.

Im letzten Jahrhundert waren für die meisten aufgeklärten Menschen Wissenschaft und Religion *Gegensätze*; die Wissenschaft widerlegte die Religion mit jeder ihrer Entdeckungen; und die Religion verbot der Wissenschaft, sich mit der Ersten Ursache zu befassen oder das biblische Wort zu deuten.

Doch seit kurzem beginnen wir – noch ohne es zu wissen –, die ungeheure Veränderung zu erleben, die unserer Vernunft, unserem Denken, unserer Philosophie durch die unsichtbare Arbeit der Physiker, der Theoretiker der Welt, aufgezwungen wird, *derjenigen, die das Reale denken*.

Was ich zusammen mit den Brüdern Bogdanov zeigen will, wobei ich mich auf den wissenschaftlichen Teil ihres Wissens stütze, ist die Tatsache, daß es am Ende dieses Jahrtausends aufgrund der neuen Fortschritte der Wissenschaft möglich ist, ein Bündnis, eine noch dunkle *Konvergenz* zwischen dem physikalischen Wissen und der theologischen Erkenntnis zu ahnen, zwischen der Wissenschaft und dem letzten Geheimnis.

Was ist die Realität? Woher kommt sie? Beruht sie auf einer *Ordnung*, einer ihr zugrundeliegenden Intelligenz?

Ich behalte im Gedächtnis, was die Brüder Bogdanov mir aufgezeigt haben: den ungeheuren Unterschied zwischen der alten Materie und der neuen Materie.

Meine gelehrten Gesprächspartner haben mir zunächst in Erinnerung gerufen, daß die Vorstellung, die man sich vor 1900 von der Materie machte, einfach war: Wenn ich einen Stein zerschlage, erhalte ich Staub; in diesem Staub Moleküle, die aus Atomen bestehen, so etwas wie »Kugeln« aus vermutlich unteilbarer Materie.

Aber gibt es in alledem irgendeinen Platz für den Geist? Wo befindet er sich? Nirgendwo.

In jenem Universum, einer Mischung aus Gewißheiten und absoluten Ideen, konnte sich die Wissenschaft nur an die Materie wenden. Ihr Weg führte sogar zu einer Art *virtuellem Atheismus*; es bestand eine »natürliche« Grenze zwischen Geist und Materie, zwischen Gott und Wissenschaft, ohne daß jemand es wagte – oder auch nur auf den Gedanken kommen konnte –, sie in Frage zu stellen.

Und nun, in den ersten Jahren des 20. Jahrhunderts, sagt uns die Quantentheorie, daß man den traditionellen Begriff der Materie – den Begriff einer tangiblen, konkreten, festen Materie – aufgeben muß, wenn man das Reale verstehen will. Daß Raum und Zeit Täuschungen sind. Daß ein Teilchen an zwei Stellen gleichzeitig ausfindig gemacht werden kann. Daß die grundlegende Realität nicht erkennbar ist.

Wir sind mit dem Realen dieser Quantenentitäten verbunden, die die Kategorien der gewöhnlichen Zeit und des gewöhnlichen Raums transzendieren. Wir existieren durch »etwas« hindurch, dessen Natur und dessen erstaunliche Eigenschaften zu erfassen uns schwerfällt, das jedoch mehr dem Geist als der traditionellen Materie ähnelt.

Mehr als jeder andere hatte Bergson die großen begrifflichen Veränderungen geahnt, die die Quantentheorie mit sich bringen sollte. In seinen Augen – wie in der Quantenphysik – ist die Realität weder kausal noch lokal: Raum und Zeit sind Abstraktionen, reine Illusionen.

Die Folgen dieser Veränderung übersteigen bei weitem alles, was wir heute auf unsere Erfahrung und sogar unsere Intuition zu beziehen vermögen. Nach und nach beginnen wir zu verstehen, daß das Reale verschleiert, unzugänglich ist, daß wir, in der vorläufig überzeugenden Form eines Trugbilds, höchstens seinen Schatten wahrnehmen. Was aber ist *unter* dem Schleier?

Angesichts dieses Rätsels gibt es nur zwei Haltungen. Die eine führt uns zum Absurden, die andere zum Geheimnis: Die letzte Wahl zwischen beiden ist, im philosophischen Sinn, meine höchste Entscheidung.

Ich habe meinen Blick immer auf das Geheimnis gerichtet: das der Realität selbst. *Warum* gibt es Sein? Zum erstenmal tauchen nun Antworten am Horizont des Wissens auf. Man kann diesen neuen Lichtschimmer nicht länger ignorieren und gegenüber der Bewußtseinserweiterung, die er zur Folge hat, nicht gleichgültig bleiben. Von nun an gibt es zwar nicht einen Beweis – Gott fällt nicht in den Bereich der Demonstration –, aber eine wissenschaftliche Grundlage für die von der Religion vorgeschlagenen Auffassungen.

Und somit kann endlich, beim Nahen dieser unbekannten und *offenen* Welt, ein wirklicher Dialog zwischen Gott und der Wissenschaft beginnen.

Jean Guitton

Warum gibt es etwas und nicht nichts? Warum ist das Universum aufgetaucht? Kein aus der Beobachtung abgeleitetes physikalisches Gesetz erlaubt es, diese Fragen zu beantworten. Dennoch können wir aufgrund eben dieser Gesetze genau beschreiben, was sich am Anfang ereignet hat: 10^{-43} Sekunden nach dem Zeitpunkt Null, eine Zeitspanne, die unvorstellbar klein ist, da 43 Nullen vor der Zahl 1 stehen. Zum Vergleich: 10^{-43} Sekunden, das stellt, innerhalb einer einzigen Sekunde, eine Dauer dar, die sehr viel kürzer ist als ein Blitz in den fünfzehn Milliarden Jahren, die seit der Entstehung des Universums vergangen sind.

Was also hat sich am Anfang, vor fünfzehn Milliarden Jahren ereignet? Um das zu erfahren, müssen wir bis zur Nullzeit zurückgehen, jener Urmauer, die die Physiker die »Plancksche Mauer« nennen. In jener fernen Epoche war alles, was das große Universum enthält, Planeten, Sonnen und Milliarden Galaxien, in einer mikrokosmischen »Singularität« von unvorstellbarer Kleinheit versammelt. Nicht einmal ein Funke in der Leere.

Wobei wir natürlich nicht vergessen, daß wir, wenn wir vom Auftauchen des Universums sprechen, unausweich-

lich vor der Frage stehen: Woher kommt das erste »Realitätsatom«? Was ist am Ursprung des unermeßlichen kosmischen Teppichs, der sich heute, in fast totales Geheimnis gehüllt, auf beiden Seiten der Unendlichkeit erstreckt?

Der Urknall

Jean Guitton: Zu Beginn dieses Buches möchte ich die erste Frage stellen, die mir in den Sinn kommt – die quälendste, die schwindelerregendste jeder philosophischen Suche: Warum gibt es *etwas* und nicht nichts? Warum gibt es Sein? Jenes »gewisse Etwas«, das uns vom Nichts trennt? Was ist am Anfang der Zeiten geschehen, das alles entstehen ließ, was heute existiert? Die Bäume, die Blumen, die Menschen, die durch die Straße gehen, *als wäre nichts vorgefallen*? Welche Kraft hat dem Universum die Form gegeben, die es heute aufweist?

Diese Fragen sind der *Rohstoff* meines Lebens als Philosoph; sie leiten mein Denken und begründen meine Suche: Wohin ich auch gehe, *sie sind da*, dem Geist zugänglich, seltsam und vertraut, wohlbekannt und dennoch untrennbar mit dem Geheimnis verbunden, das sie entstehen ließ. Es bedarf dazu keiner großen Entscheidungen: Man denkt an diese Dinge, so wie man atmet. Die vertrautesten Dinge können uns zu den verwirrendsten Rätseln führen. Dieser Schlüssel aus Eisen zum Beispiel, der hier vor mir auf meinem Schreibtisch liegt: Wenn ich die Geschichte der Atome, aus denen er besteht, nachvollziehen könnte, wie weit müßte ich zurückgehen? Und was würde ich dann finden?

IGOR BOGDANOV: Wie jeder Gegenstand hat dieser Schlüssel eine unsichtbare Geschichte, an die man niemals denkt. Vor etwa hundert Jahren war er in Form eines rohen Minerals in einem Felsen verborgen. Bevor man ihn mit der Hacke ausgrub, war der Eisenblock, der diesen Schlüssel hier entstehen ließ, seit Jahrmilliarden in dem blinden Stein eingeschlossen.

JEAN GUITTON: Das Metall meines Schlüssels ist also genauso alt wie die Erde selbst, deren Alter heute auf viereinhalb Milliarden Jahre geschätzt wird. Aber bedeutet dies das Ende unserer Forschung? Sicherlich nicht. Bestimmt ist es möglich, noch weiter in die Vergangenheit zurückzugehen, um den Ursprung dieses Schlüssels zu finden.

GRICHKA BOGDANOV: Der Atomkern des Eisens ist das stabilste Element des Universums. Wir können unsere Reise in die Vergangenheit bis zu jener Epoche fortsetzen, wo die Erde und die Sonne noch nicht existierten. Trotzdem war das Metall Ihres Schlüssels bereits da: Es schwebte im interstellaren Raum in Form einer Wolke, die große Mengen schwerer Elemente enthielt, wie sie für die Entstehung unseres Sonnensystems notwendig waren.

JEAN GUITTON: Ich lasse hier der Neugier freien Lauf, der wahren Leidenschaft des Philosophen. Nehmen wir an, dieser Schlüssel existierte acht oder zehn Milliarden Jahre, bevor er in meine Hände geriet, bereits in Form von Eisenatomen in einer Wolke entstehender Materie. Woher kam denn diese Wolke?

IGOR BOGDANOV: Von einem Stern. Einer Sonne, die vor der unseren existierte und vor zehn oder zwölf Milliarden Jahren explodiert ist. Zu jener Zeit besteht das Universum im wesentlichen aus ungeheuren Wasserstoffwolken, die sich verdichten, sich erhitzen, sich schließlich entzünden und die ersten Riesensterne bilden. Diese lassen sich etwa mit gigantischen Öfen vergleichen, dazu bestimmt, die Kerne schwerer Elemente zu erzeugen, die nötig sind, damit die Materie komplexer werden kann. Am Ende ihres relativ kurzen Lebens – kaum einige Dutzend Millionen Jahre – explodieren diese Riesensterne und schleudern in den interstellaren Raum die Materialien, die dazu dienen werden, andere, kleinere Sterne zu erzeugen, Sterne der zweiten Generation genannt, sowie deren Planeten und die Metalle, die sie enthalten. Ihr Schlüssel sowie alles, was sich auf unserem Planeten befindet, ist lediglich der von der Explosion jenes alten Sterns erzeugte »Rückstand«.

JEAN GUITTON: Da haben wir es. Ein einfacher Schlüssel schleudert uns ins Feuer der ersten Sterne. Dieses kleine Stück Metall enthält die gesamte Geschichte des Universums, eine Geschichte, die vor Milliarden Jahren begonnen hat, lange bevor sich das Sonnensystem bildete. Ich sehe jetzt seltsame Lichter über dieses Metall huschen, dessen Existenz von einer langen Kette aus Ursachen und Wirkungen abhängt, die sich über eine unvorstellbar lange Dauer erstreckt, vom unendlich Kleinen bis zum unendlich Großen, vom Atom bis zu den Sternen. Der Schlosser, der diesen Schlüssel hergestellt hat, wußte nicht, daß die Materie, die er bearbeitete, im heißen Wirbel einer uranfänglichen Wasserstoffwolke entstanden ist. Mit einemmal atme ich freier. Und ich möchte noch weiter gehen. In eine noch fernere Vergangenheit vordringen, lange bevor sich die ersten Sterne bildeten. Läßt sich noch etwas über die Atome sagen, die meinen berühmten Schlüssel bilden werden?

GRICHKA BOGDANOV: Diesmal müssen wir so weit zurückgehen, wie es irgend möglich ist, nämlich bis zum Ursprung des Universums selbst, der etwa fünfzehn Milliarden Jahre zurückliegt. Was ist damals geschehen? Die moderne Physik sagt uns, daß das Universum aus einer gigantischen Explosion entstand, die die noch heute zu beobachtende Expansion der Materie auslöste. Nehmen wir zum Beispiel die Galaxien: Diese Wolken, die aus Hunderten von Milliarden Sternen bestehen, entfernen sich unter dem Druck dieses Urknalls voneinander.

JEAN GUITTON: Man braucht nur die Fluchtgeschwindigkeit dieser Galaxien zu messen, um daraus auf den allerersten Moment zu schließen, an dem sie in einem Punkt versammelt waren, etwa so, als würden wir einen rückwärts laufenden Film betrachten. Wenn wir den großen kosmischen Film Bild für Bild zurückspulen, stoßen wir am Ende genau auf den Augenblick, da das gesamte Universum die Größe eines Stecknadelknopfs hatte. In diesem Augenblick haben wir wohl den Beginn seiner Geschichte zu sehen.

IGOR BOGDANOV: Die Astrophysiker nehmen als Ausgangspunkt die ersten Milliardstel Sekunden nach der Schöpfung. Wir befinden uns also 10^{-43} Sekunden *nach* dem Urknall. In diesem phantastisch jungen Alter ist das gesamte Universum sowie alles, was es später enthalten wird – die Galaxien, die Planeten, die Erde, ihre Bäume, ihre Blumen und der berühmte Schlüssel – in einer unvorstellbar kleinen Sphäre enthalten: 10^{-33} Zentimeter, das heißt Milliarden mal Milliarden mal Milliarden kleiner als ein Atomkern.

JEAN GUITTON: Zum Vergleich: Der Durchmesser eines Atomkerns beträgt »nur« 10^{-13} Zentimeter.

IGOR BOGDANOV: Die Dichte und die Hitze dieses ursprünglichen Universums erreichen Größenordnungen, die sich der menschliche Geist nicht vorzustellen vermag: eine wahnsinnige Temperatur von 10^{32} Grad, das heißt eine 1 mit 32 Nullen. Wir befinden uns hier vor einer »Temperaturmauer«, einer Grenze äußerster Hitze, jenseits derer unsere Physik zusammenbricht. Bei dieser Temperatur ist die Energie des entstehenden Universums monströs; was die »Materie« betrifft – sofern dieses Wort überhaupt einen Sinn hat –, so besteht sie aus einer »Suppe« aus Urteilchen, fernen Verwandten der Quarks, Teilchen, die beständig aufeinander einwirken. Es besteht noch keinerlei Unterschied zwischen diesen Urteilchen, die alle auf dieselbe Weise in Wechselwirkung miteinander stehen: In diesem Stadium sind die vier grundlegenden Wechselwirkungen (Gravitation, elektromagnetische Kraft, starke und schwache Kraft) noch undifferenziert, in einer einzigen universellen Kraft vereint.

GRICHKA BOGDANOV: Und das alles in einem Universum, das milliardenmal kleiner ist als der Kopf einer Stecknadel!

Diese Epoche ist vielleicht die verrückteste der gesamten Geschichte des Kosmos. Die Ereignisse überstürzen sich in wahnsinnigem Tempo, so daß sich in diesen Milliardsteln Sekunden sehr viel mehr ereignet als in den folgenden Jahrmilliarden.

JEAN GUITTON: Etwa so, als käme diese Gärung des Anfangs einer Art Ewigkeit gleich. Denn hätten bewußte Wesen diese ersten Zeiten des Kosmos erleben können, so hätten sie sicherlich das Gefühl gehabt, daß zwischen jedem Ereignis eine ungeheuer lange Zeit, fast eine Ewigkeit verstriche.

GRICHKA BOGDANOV: Als Beispiel: Ein Ereignis, das wir heute in Form eines photographischen Blitzlichts wahrnehmen, entsprach in jenem entstehenden Universum einem Zeitraum von Milliarden Jahren. Warum? Weil damals die extreme Dichte der Ereignisse eine Verzerrung der Dauer beinhaltete. Nach dem ersten Augenblick der Schöpfung genügten wenige Milliardstel Sekunden, damit das Universum in eine außergewöhnliche Phase eintrat, die die Physiker die »inflationäre Ära« nennen. In dieser unerhört kurzen Zeitspanne, die 10^{-35} bis 10^{-32} Sekunden beträgt, schwillt das Universum um den Faktor 10^{50} an. Seine charakteristische Länge dehnt sich von der eines Atomkerns zu der eines Apfels von zehn Zentimeter Durchmesser. Mit anderen Worten, diese schwindelerregende Ausdehnung ist sehr viel gewaltiger als die darauf folgende: Von der inflationären Ära zur Ära unserer Tage nimmt das Volumen des Universums nur noch um einen relativ geringen Faktor zu: 10^{9}, das heißt knapp eine Milliarde Mal.

Igor Bogdanov: Einen Punkt, der sich visuell nur schwer erfassen läßt, müssen wir hier nachdrücklich betonen: Der Abstand zwischen einem Elementarteilchen und einem Apfel ist proportional sehr viel größer als der Abstand, der die Dimension eines Apfels von der des gesamten beobachtbaren Universums trennt.

Grichka Bogdanov: Wir stehen nun also einem Universum gegenüber, das etwa die Größe eines Apfels hat. Die kosmische Uhr zeigt 10^{-32} Sekunden an: die inflationäre Ära ist zu Ende gegangen. In diesem Augenblick existiert nun aber erst ein einziges Teilchen, dem die Astrophysiker den poetischen Namen »X-Teilchen« gegeben haben. Es ist das Urteilchen, dasjenige, das allen anderen vorausgegangen ist. Seine Rolle besteht lediglich darin, Kräfte zu transportieren. Hätte jemand das Universum in diesem Moment beobachten können, so hätte er festgestellt, daß dieser anfängliche Apfel vollkommen homogen ist: Er ist lediglich ein Kraftfeld, das noch nicht das winzigste Teilchen Materie enthält.

Doch genau in der 10^{-31}stel Sekunde geschieht etwas: Aus dem X-Teilchen entstehen die allerersten Materieteilchen: die Quarks, die Elektronen, die Photonen, die Neutrinos samt ihren Antiteilchen. Werfen wir erneut einen Blick auf dieses entstehende Universum: Es hat jetzt die Größe eines großen Ballons. Die in jener Epoche existierenden Teilchen sind verantwortlich für Dichteschwankungen, die hier und da Streifen, alle Arten von Unregelmäßigkeiten hervortreten lassen.

Nun haben wir aber unsere heutige Existenz gerade diesen uranfänglichen Unregelmäßigkeiten zu verdanken. Denn jene mikroskopischen Streifen entwickeln sich allenthalben und bringen später die Galaxien, die Sterne und die Planeten hervor. Kurz, der anfängliche »kosmische Teppich« erzeugt alles, was wir heute kennen, innerhalb von einigen Milliardsteln Sekunden.

IGOR BOGDANOV: Legen wir gemeinsam den Weg des Universums noch einmal zurück. Bei 10^{-32} Sekunden erster Phasenübergang: Die starke Kraft (die für den Zusammenhalt des Atomkerns sorgt) löst sich von der elektroschwachen Kraft (die aus der Fusion von elektromagnetischer Kraft und radioaktiver Zerfallskraft resultiert). In jener Epoche hat sich das Universum bereits in phänomenalem Ausmaß vergrößert: Es mißt jetzt 300 Meter von einem Ende zum andern. Im Innern herrschen absolute Finsternis und unvorstellbare Temperaturen.

Die Zeit vergeht. Bei 10^{-11} Sekunden teilt sich die elektroschwache Kraft in zwei unterschiedliche Kräfte: die elektromagnetische Wechselwirkung und die schwache Kraft. Die Photonen lassen sich jetzt nicht mehr mit anderen Teilchen wie den Quarks, den Gluonen und den Leptonen verwechseln: die vier Urkräfte sind entstanden.

Zwischen 10^{-11} und 10^{-5} Sekunden setzt sich die Differenzierung fort. Allerdings findet in jener Zeit ein wesentliches Ereignis statt: Die Quarks verbinden sich zu Neutronen und Protonen, und die meisten Antiteilchen verschwinden, um den Teilchen des heutigen Universums Platz zu machen.

In der 10^{-4}ten Sekunde werden also die Elementarteilchen erzeugt – in einem Raum, der sich gerade geordnet hat. Das Universum fährt fort, sich auszudehnen und abzukühlen. Ungefähr 200 Sekunden nach dem Anfangsmoment fügen sich die Elementarteilchen zusammen und bilden die Isotopen der Wasserstoff- und Heliumkerne. Allmählich entsteht die Welt, wie wir sie kennen.

Grichka Bogdanov: Die Geschichte, die wir durchlaufen haben, hat etwa drei Minuten gedauert. Von nun an entwickeln sich die Dinge sehr viel langsamer. Millionen Jahre lang ist das gesamte Universum in Strahlungen und wirbelndes Gasplasma eingebettet. Nach etwa 100 Millionen Jahren bilden sich die ersten Sterne in ungeheuren Gaswirbeln: In ihrem Innern verschmelzen, wie wir vorhin sahen, die Wasserstoff- und Heliumatome und bringen die schweren Elemente hervor, die sehr viel später, Jahrmillionen danach, ihren Weg auf der Erde machen werden.[1] [7]

Jean Guitton: Man kann nicht umhin, angesichts solcher Zahlen von Schwindel erfaßt zu werden, als ob sich die Zeit, wenn wir uns den Anfängen des Universums nähern, in die Länge zöge, sich dehnte, bis sie unendlich wird. Das bringt mich im übrigen auf einen ersten Gedanken: Muß man in diesem Phänomen nicht eine wissenschaftliche Interpretation der göttlichen Ewigkeit sehen? Ein Gott, der keinen Anfang hat und kein Ende haben wird, befindet sich nicht zwangsläufig außerhalb der Zeit, wie allzuoft behauptet wurde: *Er ist die Zeit selbst*, sowohl quantifizierbar als auch unendlich, eine Zeit, in der eine einzige Sekunde die Ewigkeit birgt. Ich glaube nämlich, daß ein transzendentes Sein eine absolute sowie relative Dimension der Zeit erreicht. Meiner Meinung nach ist das sogar eine für die Schöpfung unerläßliche Voraussetzung.

Kehren wir in diesem Zusammenhang noch einmal zu den ersten Augenblicken des Universums zurück. Wenn man annimmt, daß es möglich ist, sehr genau zu beschreiben, was in der 10^{-43}sten Sekunde nach der Schöpfung geschehen ist, was hat sich dann *vorher* ereignet? Die Wissenschaft scheint außerstande zu sein, irgend etwas *Vernünftiges*, im tiefsten Sinne des Wortes, über den uranfänglichen Moment zu sagen oder sich auch nur vorzustellen, als sich die Zeit noch am absoluten Nullpunkt befand und noch *nichts* geschehen war.

GRICHKA BOGDANOV: Tatsächlich haben die Physiker nicht die geringste Vorstellung von dem, was das Auftauchen des Universums erklären könnte. Sie können bis 10^{-43} Sekunden vordringen, aber nicht weiter. Sie stoßen an die berühmte »Plancksche Mauer«, die deshalb so genannt wird, weil der berühmte Physiker als erster darauf hingewiesen hatte, daß die Wissenschaft außerstande ist, das Verhalten der Atome unter Bedingungen extremer Gravitation zu erklären. In dem winzigen Universum des Anfangs hatte die Gravitation noch keinen Planeten, keinen Stern und keine Galaxie, auf die sie ihre Kraft hätte ausüben können; dennoch war diese Kraft bereits vorhanden und interferierte mit den Elementarteilchen, die von den elektromagnetischen und den Kernkräften abhängen. Genau das hindert uns daran zu erfahren, was vor 10^{-43} Sekunden geschehen ist. Die Schwerkraft errichtet für jede Forschung eine unüberwindbare Schranke: hinter der Planckschen Mauer ist das totale Geheimnis.

IGOR BOGDANOV: *10^{-43} Sekunden.* Das ist die Plancksche Zeit, nach dem schönen Ausdruck der Physiker. Es ist auch die äußerste Grenze unserer Kenntnisse, das Ende unserer Reise zu den Ursprüngen. Hinter dieser Mauer verbirgt sich noch eine unvorstellbare Realität. Etwas, was wir vielleicht nie werden verstehen können, ein Geheimnis, das eines Tages zu lüften die Physiker sich nicht einmal vorstellen. Einige von ihnen haben zwar versucht, einen Blick auf die andere Seite dieser Mauer zu werfen, aber über das, was sie dort zu sehen glaubten, haben sie nichts wirklich Verständliches sagen können. Ich bin einmal einem dieser Physiker begegnet. Er behauptete, in seiner Jugend hätten es ihm seine Arbeiten ermöglicht, bis zur Planckschen Zeit vorzudringen und einen flüchtigen Blick hinter die Mauer zu werfen. Und wenn man ihn ermunterte weiterzusprechen, murmelte er, er habe eine schwindelerregende Realität gesehen: Die Struktur des Raums selbst versinke in einem Gravitationskegel, der so intensiv sei, daß die Zeit aus der Zukunft in die Vergangenheit zurückfiele, um am Ende des Kegels in eine Myriade der Ewigkeit gleichender Augenblicke zu zerplatzen. Das hatte dieser Mann hinter der Planckschen Mauer zu erahnen geglaubt; und man hatte das seltsame Gefühl, daß der alte Gelehrte davon wie von einer Art metaphysischer Halluzination erzählte, die ihn für immer geprägt hatte.

Jean Guitton: Ich kann mir diese Erschütterung sehr gut vorstellen: Die jüngsten Theorien in bezug auf die Anfänge des Universums berufen sich im buchstäblichen Sinn des Wortes auf metaphysische Begriffe. Ein Beispiel? Die Worte, mit denen der Physiker John Wheeler dieses »Etwas« beschreibt, das der Schöpfung vorausging: »Alles, was wir kennen, hat seinen Ursprung in einem unendlichen Energiemeer, das so aussieht wie das Nichts.«

Grichka Bogdanov: Nach der Quantenfeldtheorie besteht das beobachtbare physikalische Universum aus nichts anderem als aus winzigen Schwankungen auf einem ungeheuren Energiemeer. So sollen die Elementarteilchen und das Universum in diesem »Energiemeer« ihren Ursprung haben: Die Raum-Zeit und die Materie entstehen nicht nur in diesem uranfänglichen Untergrund aus unendlicher Energie und Quantenstrom, sie werden auch ständig von ihm gespeist. Der Physiker David Bohm meint, daß die Materie und das Bewußtsein, die Zeit, der Raum und das Universum nichts anderes sind als eine winzige »Kräuselung« im Vergleich zu der ungeheuren Aktivität des Untergrunds, der wiederum einer ewig schöpferischen Quelle jenseits von Raum und Zeit entspringt.(3)

Jean Guitton: Versuchen wir, dies besser zu verstehen: Was ist aus physikalischer Sicht die Natur dieses »Untergrunds«? Handelt es sich gar um etwas physikalisch Meßbares?

Grichka Bogdanov: Es gibt in der Physik einen neuen Begriff, der sich operativ als sehr fruchtbar erwiesen hat: die Quantenleere. Präzisieren wir sofort, daß die absolute Leere, das heißt eine totale Abwesenheit von Materie und Energie nicht existiert. Sogar die Leere, die die Galaxien trennt, ist nicht *total* leer: Sie enthält isolierte Atome von verschiedenartiger Strahlung. Ob sie nun natürlich ist oder künstlich erzeugt wird, die Leere im Reinzustand ist lediglich eine Abstraktion: In der Realität gelingt es nicht, den letzten Rest eines elektromagnetischen Feldes zu beseitigen, das den »Hintergrund« der Leere bildet. Auf dieser Ebene ist es angebracht, den

Begriff der Äquivalenz von Materie und Energie einzuführen. Wenn wir in der Leere die Existenz einer Restenergie postulieren, kann sich diese im Verlauf ihrer »Zustandsschwankungen« auch in Materie verwandeln: Es werden also neue Teilchen aus dem Nichts auftauchen.

Die Quantenleere ist somit der Schauplatz eines unaufhörlichen Balletts von Teilchen, wobei diese in extrem kurzer, in menschlichem Maßstab unvorstellbar kurzer Zeit erscheinen und wieder verschwinden.

JEAN GUITTON: Wenn man annimmt, daß die Materie aus diesem quasi Nichts, das die Leere ist, hervorgehen kann, heißt das dann nicht, daß wir damit über den Ansatz einer Antwort auf die oben gestellte Frage verfügen: Woher kommt der Urknall? Was hat sich vor der 10^{-43}sten Sekunde ereignet?

GRICHKA BOGDANOV: Nehmen wir einen leeren Raum: Die Quantentheorie zeigt, daß, wenn wir ihm eine ausreichende Energiemenge zuführen, aus dieser Leere Materie entstehen kann; im weiteren Sinn dürfen wir also annehmen, daß am Ursprung, kurz vor dem Urknall, der anfänglichen Leere ein unermeßlicher Energiestrom zugeführt wurde, der eine erste Quantenschwankung zur Folge hatte, aus der unser Universum entstanden ist.

JEAN GUITTON: Aber dann stellt sich doch die Frage: Woher kommt diese kolossale Energiemenge am Ursprung des Urknalls? Ich ahne, daß das, was sich hinter der Planckschen Mauer verbirgt, tatsächlich eine ursprüngliche Form der Energie von grenzenloser Kraft ist. Ich glaube, daß vor der Schöpfung eine unendliche Dauer herrscht. Eine totale, unerschöpfliche Zeit, die noch nicht *geöffnet*, noch nicht in Vergangenheit, Gegenwart und Zukunft geteilt worden ist. Jener Zeit, die noch nicht in eine symmetrische Ordnung geschieden worden ist, deren Gegenwart nur ihr Doppelspiegel wäre, jener absoluten Zeit, *die nicht vergeht*, entspricht dieselbe totale, unerschöpfliche Energie. Das Meer unbegrenzter Energie ist der Schöpfer. Daß wir nicht verstehen können, was sich hinter der Mauer befindet, rührt daher, daß allen Gesetzen der Physik angesichts des absoluten Geheimnisses Gottes und der Schöpfung der Boden entzogen wird.

Warum ist das Universum erschaffen worden? Was hat den Schöpfer veranlaßt, das Universum hervorzubringen, so wie wir es kennen? Versuchen wir, es zu verstehen: Vor der Planckschen Zeit existiert nichts. Oder besser gesagt: Es herrscht die zeitlose Totalität, die vollkommene Ungeteiltheit, die absolute Symmetrie. Nur das Urprinzip ist da, im Nichts, eine unendliche, grenzenlose Kraft, ohne Anfang und ohne Ende. In jenem uranfänglichen »Moment« hat diese Kraft, der Inbegriff von Stärke und Einsamkeit, Harmonie und Vollkommenheit vielleicht nicht die Absicht, irgend etwas zu erschaffen. Sie genügt sich selbst.

Und dann geschieht »etwas«. Was? Ich weiß es nicht. Ein Seufzer des Nichts. Vielleicht eine Art *Unfall des Nichts*, eine Fluktuation der Leere: Innerhalb eines phantastisch kleinen Augenblicks wird der Schöpfer, sich dessen bewußt, daß er derjenige ist, der in der Totalität des Nichts *ist*, beschließen, seiner eigenen Existenz einen Spiegel zu erschaffen. Die Materie, das Universum: Spiegelungen seines Bewußtseins, endgültiger Bruch der schönen Harmonie des ursprünglichen Nichts: Gott hat sich gewissermaßen ein Bild seiner selbst geschaffen.

Hat alles so angefangen? Vielleicht wird die Wissenschaft es nie direkt sagen; aber in ihrem Schweigen kann sie unseren Intuitionen als Führer dienen.

GRICHKA BOGDANOV: Was wir soeben beschrieben haben, das heißt den Urknall, beruht auf dem, was die Astrophysiker in ihrer Mehrzahl heute als das Standardmodell anerkennen. Doch haben wir greifbare Beweise dafür, daß sich die Dinge tatsächlich so abgespielt haben? Hat der Urknall wirklich stattgefunden? Es gibt wenigstens drei Hinweise, die uns erlauben, diese Frage zu bejahen.

Der erste ist das Alter der Sterne: Die Messungen an den ältesten von ihnen zeigen ein Alter von zwölf bis fünfzehn Milliarden Jahren an, was mit der Dauer des Universums seit seinem mutmaßlichen Erscheinen übereinstimmt.

Das zweite Argument beruht auf der Analyse des von den Galaxien ausgesendeten Lichts: Sie zeigt unzweideutig an, daß sich die galaktischen Objekte in einer Geschwindigkeit voneinander entfernen, die um so größer ist, je weiter sie entfernt sind; das läßt vermuten, daß die Galaxien früher in einer einzigen Region des Raums versammelt waren, innerhalb einer fünfzehn Milliarden Jahre alten Urwolke.

Das dritte, das entscheidendste Phänomen: Im Jahre 1965 wurde in allen Regionen des Universums die Existenz einer Strahlung festgestellt, die sehr schwach ist, ähnlich der eines Körpers von sehr niedriger Temperatur: 3 Grad über dem absoluten Nullpunkt. Diese einheitliche Strahlung ist nun aber nichts anderes als eine Art Fossil, das schemenhafte Echo der Wärme- und Lichtstürme der ersten Augenblicke des Universums.

JEAN GUITTON: Während dieser Reise ans Ende der Physik habe ich die unerklärliche Gewißheit gewonnen, den metaphysischen Rand des Realen gestreift zu haben, als wäre mein Bewußtsein plötzlich empfänglich für den unsichtbaren Lichthof, der uns umgibt, für eine Art höhere Ordnung, die der Ursprung von allem ist.

IGOR BOGDANOV: Es scheint nahezu sicher zu sein, daß die »Ursuppe«, die anfängliche Mischung aus Materie und Strahlung, in der ersten Hundertstel Sekunde Protonen und Neutronen enthielt, die sich in ständiger Wechselwirkung befanden. Diese ersten Wechselwirkungen sollen die Asymmetrie von Materie und Antimaterie im Universum hervorgebracht haben, die sich heute in der Stabilität des Protons äußert.

Wenn wir jedoch noch weiter zum Ursprung vorstoßen, beispielsweise zum ersten Milliardstel einer Milliardstelsekunde, existieren diese Teilchen noch nicht. Kurz, die Materie ist lediglich das *Fossil* eines noch ferneren Zeitalters, wo zwischen den Formen der Wechselwirkung vollkommene Symmetrie herrschte. Denn zur Planckschen Zeit, als die Temperatur maximal hoch war, muß die »Ursuppe« aus noch fundamentaleren Teilchen als den Quarks bestanden haben: den X-Teilchen. Und das erstaunlichste ist, daß das Universum im allerersten Augenblick der Schöpfung, jenes Universum sehr hoher Energie, in dem noch keine differenzierten Wechselwirkungen existierten, vollkommen symmetrisch war. Kurz gesagt, der Kosmos, wie wir ihn heute kennen, samt allem, was er enthält, angefangen von den Sternen bis zu Ihrem Schlüssel hier auf dem Tisch, ist lediglich der asymmetrische Überrest eines Universums, das einst vollkommen symmetrisch war. Die Energie des anfänglichen Feuerballs war so hoch, daß die vier Wechselwirkungen – die Gravitation, die elektromagnetische Kraft, die starke Kernkraft und die Zerfallskraft – in einer einzigen, vollkommen symmetrischen Wechselwirkung vereinigt waren. Dann ist dieser Feuerball aus Quarks, Elektronen und Photonen in eine Phase der Expansion eingetreten, das Universum hat sich abgekühlt, und die vollkommene Symmetrie ist augenblicklich zerbrochen.

JEAN GUITTON: Das erinnert mich an eine schöne Intuition Bergsons. Er sagt, die Schöpfung sei »eine Geste, die zurückfällt«, anders gesagt, die Spur eines Ereignisses, die sich verwischt. Und ich glaube, daß Bergson lange vor den Physikern etwas von dem Geheimnis der Schöpfung erfaßt hat: Er hat verstanden, daß die Welt, die wir heute kennen, der Ausdruck einer zerbrochenen Symmetrie ist. Und wenn Bergson noch unter uns weilte, hätte er bestimmt den letzten Errungenschaften der Physik hinzugefügt, daß gerade aus dieser Unvollkommenheit das Leben entstehen konnte.

Die größte Botschaft der theoretischen Physik der letzten zehn Jahre ist die Tatsache, daß sie die *Vollkommenheit* am Ursprung des Universums aufzuspüren vermochte, ein Meer unendlicher Energie. Und was die Physiker vollkommene Harmonie nennen, hat für mich einen anderen Namen: rätselhaft, unendlich geheimnisvoll, allmächtig, ursprünglich, schöpferisch und vollkommen. Ich wage es nicht, ihn zu nennen, denn jeder Name ist unvollkommen, um das Sein zu bezeichnen, das sich mit nichts vergleichen läßt.

Über der Erde in ihren Anfängen leuchtet die Sonne seit einer Milliarde Jahren.

Soweit das Auge reicht, erblickt man nur ungeheure Lavawüsten, die unablässig viele Kilometer hohe Dampf- und Gassäulen ausspucken. Nach und nach ballen sich diese dunklen Wolken zusammen und bilden die erste Atmosphäre der Erde. Kohlensäure, Ammoniak, Kohlenmonoxyd, Stickstoff und Wasserstoff: Diese undurchsichtige, tödliche Mischung erdrückt nun den unermeßlichen, noch leeren Horizont.

Millionen von Jahren vergehen. Langsam beginnt die Hitze nachzulassen. Die Lava bildet jetzt einen noch warmen Teig, auf dem man bereits laufen könnte. Der allererste Kontinent ist entstanden.

Nun unterbricht ein bedeutsames Ereignis die Eintönigkeit jener fernen Zeit: Die riesigen am Himmel kreisenden Wolken kondensieren, und der erste Regen der Welt beginnt zu fallen. Er wird Jahrhunderte lang dauern. Das Wasser überflutet fast den ganzen Planeten, stürzt in die Senken hinab, bis sich der Urozean bildet. Hunderttausende Jahre lang schlagen riesige Wogen gegen den schwarzen Fels. Erde, Himmel und Wasser sind noch leer. Doch die Urmoleküle werden ständig von den tosenden Gewittern durcheinandergewirbelt, unablässig von der ungeheuren Ultraviolettstrahlung der Sonne zerbrochen. In diesem Stadium erscheint, was rückblikkend einem Wunder gleichkommt: Inmitten des Chaos schließen sich Moleküle zusammen, verbinden sich, um allmählich stabile Strukturen, den Widerschein einer Ordnung zu bilden. Es gibt jetzt etwa zwanzig Aminosäuren in den Meeren: Es sind die ersten Bausteine der lebenden Materie.

Heute finden wir in jedem von uns die fernen Nachfahren dieser ersten »Bewohner« der Erde wieder.

So taucht nach einer sehr langen und geheimnisvollen Entwicklung zur Komplexität endlich die allererste lebende Zelle auf. Die Geschichte des Bewußtseins kann beginnen.

Doch wie verwirrend bleibt die Frage, die einmal ein Physiker stellte: »Wie kann ein Energiestrom, der ziellos dahinfließt, das Leben und das Bewußtsein in der Welt verbreiten?«

Das Geheimnis des Lebens

JEAN GUITTON: Abends vor dem Einschlafen kehre ich oft zu der fernen Morgenröte zurück, die meine Jugend erhellte, in den ersten Jahren dieses Jahrhunderts. In der Lichtung meines Gedächtnisses finde ich Bilder einer anderen Zeit: ein Pferdefuhrwerk, dessen große, mit Eisen bereifte Räder über das Pflaster holpern; ein junges Mädchen in langem Kleid, das friedlich im Schatten einer Kastanie schläft; ein alter Herr, der seinen von einem Windstoß weggewehten Zylinderhut aufhebt: die Bilder des Lebens. Aber *was ist das*, das Leben?

Die Frage, die ich mir hier stellen will, diejenige, der ich nicht ausweichen kann, lautet: Durch welches »Wunder« ist dieses Leben entstanden? Wir sahen soeben, daß es vor der Geburt des Universums *etwas* gab, gleichsam eine organisierende Kraft, die alles berechnet, alles mit unvorstellbarer Genauigkeit erarbeitet zu haben scheint: Was ist hinter dem Leben? Ist es *zufällig* entstanden, oder ist es im Gegenteil das Ergebnis einer geheimen Notwendigkeit?

GRICHKA BOGDANOV: Bevor wir uns den Ursprüngen des Lebens zuwenden, wollen wir zunächst versuchen, es zu verstehen, wie es heute ist.

Vor mir auf dem Fensterbrett sitzt ein Schmetterling

neben einem kleinen Stein. Der eine ist lebendig, der andere nicht, was aber genau ist der Unterschied zwischen beiden? Wenn wir uns auf die nukleare Ebene stellen, das heißt auf die Ebene der Elementarteilchen, sind Stein und Schmetterling absolut identisch. Eine Stufe darüber, auf der atomaren Ebene, zeigen sich ein paar Unterschiede, aber sie betreffen lediglich die Natur der Atome und bleiben daher schwach. Im nächsten Stadium befinden wir uns im Reich der Moleküle. Diesmal sind die Unterschiede sehr viel größer und betreffen die Materieabweichungen zwischen der mineralischen Welt und der organischen Welt. Der entscheidende Sprung jedoch erfolgt auf der Ebene der Makromoleküle. In diesem Stadium scheint der Schmetterling unendlich strukturierter, *geordneter* zu sein als der Stein.

Dieses kleine Beispiel erlaubt uns, den einzigen grundlegenden Unterschied zwischen dem Unbelebten und dem Belebten zu erfassen: Das eine enthält ganz einfach mehr Informationen als das andere.

JEAN GUITTON: Zugegeben. Aber wenn das Leben nichts anderes ist als besser informierte Materie, woher stammt diese Information? Es wundert mich, daß viele Biologen und Philosophen noch heute meinen, die ersten Lebewesen seien »durch Zufall« in den Wogen und Brandungen des Urozeans vor vier Milliarden Jahren entstanden.

Gewiß, die von Darwin formulierten Gesetze der Evolution existieren und geben dem Zufälligen breiten

Raum; aber *wer* hat diese Gesetze beschlossen? Durch welchen »Zufall« haben sich bestimmte Atome einander genähert, um die ersten Moleküle der Aminosäuren zu bilden? Und durch welchen Zufall haben sich diese Moleküle verbunden, um zu jenem erschreckend komplexen Gebäude der DNS zu führen? Wie der Biologe François Jacob stelle ich die einfache Frage: *Wer* hat die Pläne des ersten DNS-Moleküls erarbeitet, des Trägers der uranfänglichen Nachricht, die es der ersten lebenden Zelle erlaubte, sich zu reproduzieren?

Diese Fragen – und eine Fülle weiterer – bleiben unbeantwortet, wenn man es bei den Hypothesen beläßt, die sich auf den Zufall berufen; daher haben sich die Ansichten der Biologen seit einigen Jahren zu ändern begonnen. Die herausragendsten Forscher begnügen sich nicht mehr damit, einfach die Darwinschen Gesetze herzubeten; sie stellen neue, häufig sehr überraschende Theorien auf. Hypothesen, die sich eindeutig auf das Eingreifen eines die Materie transzendierenden Ordnungsprinzips stützen.

IGOR BOGDANOV: Diesen neuen Herangehensweisen zufolge, die das Dogma des »schöpferischen Zufalls« jeden Tag von neuem erschüttern, ist das Leben eine Eigenschaft der Materie, ein Phänomen, das einer dem Unbelebten selbst innewohnenden Art von *Notwendigkeit* gehorcht...

JEAN GUITTON: Das ist um so erstaunlicher, als sich das Leben auf kosmischer Ebene einen beschwerlichen Weg voller Hindernisse bahnen muß, bevor es endlich erscheint. Der leere Raum zum Beispiel ist so kalt, daß jedes Lebewesen, sogar das allereinfachste, augenblicklich erfrieren würde, da die Temperatur hier minus 273 Grad beträgt. Am anderen Extrem ist die Materie der Sterne so heiß, daß kein Lebewesen überdauern könnte. Schließlich gibt es im Universum ständige kosmische Strahlungen und Bombardements, die fast überall das Entstehen des Lebens verbieten. Kurz, das Universum ist Sibirien, ist die Sahara, ist Verdun. Das heißt, es ist die unendliche Kälte, die unendliche Hitze, der Dauerbeschuß. Und trotz alledem ist das Leben entstanden, zumindest auf unserem Planeten.

Und so stellt sich den Wissenschaftlern und den Philosophen die Frage, ob es zwischen der Materie und dem Leben einen kontinuierlichen Übergang gibt. Heute arbeitet die Wissenschaft an dieser Verbindungsstelle zwischen Belebtem und Unbelebtem: Sie versucht zu zeigen, daß es eine Kontinuitätszone gibt; anders gesagt, das Lebendige entsteht aus einer notwendigen Entwicklung der Materie.

Noch ein Wort: Es sieht so aus, als wäre das Leben unausweichlich berufen, einer aufsteigenden Stufenleiter zu folgen; ausgehend von den der Materie am nächsten kommenden Formen (wie den Ultraviren) bis hin zu den höchsten Formen gibt es in der Evolution einen Aufstieg: das Abenteuer des Lebens wird von einem organisierenden Prinzip *geordnet*.

IGOR BOGDANOV: Sehen wir näher zu, worin ein solches Prinzip bestehen kann. Dabei wollen wir uns auf die Arbeiten eines der größten heutigen Biochemiker stützen, des Nobelpreisträgers für Chemie Ilya Prigogine.

Am Anfang seiner Forschungen steht eine ganz einfache Idee: Die Unordnung ist kein »natürlicher« Zustand der Materie, sondern im Gegenteil ein Stadium, das dem Auftauchen einer höheren Ordnung vorausgeht.

JEAN GUITTON: Dieser Auffassung – die den herkömmlichen Ideen klar widersprach – begegnete man in den wissenschaftlichen Kreisen zunächst mit Feindschaft; ich glaube, man hat sogar versucht, Prigogine an der Fortführung seiner Arbeiten zu hindern.

IGOR BOGDANOV: Das stimmt, aber nichts konnte seine Überzeugung erschüttern. Ihm zufolge erklären unbekannte Gesetze, *wie* das Universum und das Leben aus dem uranfänglichen Chaos entstanden sind.

GRICHKA BOGDANOV: Eine wichtige Anmerkung: Diese Überzeugung war nicht nur theoretisch, ihr lag auch ein äußerst verwirrendes Experiment zugrunde.

JEAN GUITTON: Welches?

GRICHKA BOGDANOV: Das Bénard-Experiment. Es ist ganz einfach: Nehmen wir eine Flüssigkeit, zum Beispiel Wasser, und erhitzen sie in einem Behälter. Was stellen wir fest? Daß sich die Moleküle der Flüssigkeit organisieren, auf geordnete Weise gruppieren, um sechseckige Zellen zu bilden, ähnlich wie Butzenscheiben. Dieses eher unerwartete Phänomen, das unter dem Namen »Bénard-Instabilität« bekannt ist, machte Prigogine sehr zu schaffen. Warum und wie entstanden diese »Zellen« im Wasser? Was konnte das Auftauchen einer geordneten Struktur innerhalb des Chaos verursachen?[(6)]

JEAN GUITTON: Ich bin versucht, eine Analogie herzustellen zwischen der Bildung dieser mineralischen Strukturen und dem Auftauchen der ersten lebenden Zellen. Könnte es am Ursprung des Lebens innerhalb der »Ursuppe« nicht ein Phänomen der Selbststrukturierung geben, vergleichbar demjenigen, das man in erhitztem Wasser beobachtet?

GRICHKA BOGDANOV: Genau zu diesem Schluß ist Prigogine gekommen: Was in der Dynamik der Flüssigkeiten möglich ist, muß auch in der Chemie und der Biologie möglich sein.

Doch um seine Überlegungen besser zu verstehen, müssen wir ihre wichtigsten Etappen rekonstruieren. Zunächst ist festzustellen, daß sich die Dinge um uns herum wie *offene* Systeme verhalten, das heißt, daß sie beständig Materie, Energie und – was das Wichtigste ist – *Information* mit der Außenwelt austauschen. Anders gesagt, diese in ständiger Bewegung befindlichen Systeme verändern sich im Laufe der Zeit regelmäßig und müssen als schwankend betrachtet werden. Diese Schwankungen können nun aber so erheblich sein, daß die Organisation, in der sie stattfinden, außerstande ist, sie zu dulden, ohne sich zu verwandeln. An dieser kritischen Schwelle gibt es zwei mögliche Lösungen, die Prigogine im Detail beschrieben hat: Entweder wird das System durch das Ausmaß der Schwankungen zerstört, oder es erwirbt eine neue innere Ordnung, die sich durch ein höheres Organisationsniveau auszeichnet.

Und damit befinden wir uns im Kern von Prigogines Entdeckung: Das Leben beruht auf dynamischen Strukturen, die er »dissipative Strukturen« nennt und deren Rolle eben darin besteht, den Strom an Energie, Materie und Information, der für eine Schwankung verantwortlich ist, zu zerstreuen.

JEAN GUITTON: Einen Augenblick. Diese neue Annäherung an die Ordnung widerspricht dem zweiten Hauptsatz der Thermodynamik, der besagt, daß geschlossene Systeme im Laufe der Zeit unausweichlich von der Ordnung zur Unordnung übergehen. Wenn ich zum Beispiel ein paar Tropfen Tinte in ein Glas Wasser fallen lasse, werden sie sich darin verteilen, und ich kann die beiden Flüssigkeiten nicht mehr voneinander trennen.

IGOR BOGDANOV: Dieses berühmte Prinzip der Thermodynamik wurde 1824 von dem französischen Physiker Carnot formuliert. Für ihn und die späteren Generationen von Wissenschaftlern bestand nicht der geringste Zweifel: Das Universum befindet sich in ständigem Kampf gegen die irreversible Zunahme der Unordnung.

JEAN GUITTON: Geschieht in den lebendigen Systemen aber nicht das genaue Gegenteil? Wenn wir die Geschichte der Fossilien untersuchen, sehen wir, daß sich die Zellorganisationen ständig verwandelt und immer komplexere Strukturen angenommen haben. Anders gesagt, das Leben ist die Geschichte einer immer höheren und allgemeineren Ordnung. Denn in dem Maße, wie das Universum zu einem Gleichgewichtszustand zurückkehrt, bringt dieses es trotzdem fertig, immer komplexere Strukturen zu schaffen.

GRICHKA BOGDANOV: Genau das weist Prigogine nach. In seinen Augen erhellen die Phänomene der Selbststrukturierung eine radikal neue Eigenschaft der Materie. Es gibt so etwas wie ein kontinuierliches Grundgewebe, das das Unbelebte, das Präbiologische und das Lebendige miteinander verbindet, wobei die Materie ihrer Konstruktion nach dahin tendiert, sich zu strukturieren, um lebendige Materie zu werden. Eine solche Strukturierung erfolgt auf molekularer Ebene, nach Gesetzen, die noch weitgehend rätselhaft sind. Man stellt nämlich das seltsam »intelligente« Verhalten bestimmter Moleküle oder Molekülaggregate fest, ohne jedoch diese Phänomene erklären zu können. Prigogine, den die Allgegenwart dieser dem scheinbaren Chaos der Materie zugrundeliegende Ordnung sehr verwirrte, sagte einmal: »Erstaunlich ist, daß jedes Molekül *weiß*, was die anderen Moleküle zur selben Zeit und über makroskopische Entfernungen hinweg tun werden. Unsere Experimente zeigen, wie die Moleküle miteinander kommunizieren. Jeder akzeptiert diese Eigenschaft bei lebendigen Systemen, aber daß auch nichtbelebte Systeme sie aufweisen, ist zumindest unerwartet.«[(6)]

JEAN GUITTON: Und damit sind wir aufgefordert, den entscheidenden Schritt zu tun: Zwischen der sogenannten unbelebten und der lebendigen Materie besteht Kontinuität. Tatsächlich verdankt das Leben seine Eigenschaften unmittelbar jener geheimnisvollen Tendenz der Materie, sich spontan selbst zu organisieren, um unablässig zu immer geordneteren und komplexeren Zuständen überzugehen. Wir haben es bereits gesagt: Das Universum ist ein gewaltiger Gedanke. In jedem Teilchen, jedem Atom, jedem Molekül, jeder Materiezelle lebt und wirkt, allen unbekannt, eine Allgegenwart.

Aus philosophischer Sicht ist diese letzte Bemerkung folgenschwer. Sie besagt nämlich, daß das Universum eine Achse hat, mehr noch: einen *Sinn*.

Dieser tiefe Sinn liegt *in ihm selbst*, in Form einer transzendenten Ursache. Wenn das Universum, wie wir sahen, eine »Geschichte« hat, wenn ich sehe, daß das Unwahrscheinliche in dem Maße zunimmt, wie ich in die Vergangenheit zurückgehe, und die Wahrscheinlichkeit in dem Maße wächst, wie ich in die Zukunft vordringe, wenn es im Kosmos einen Übergang vom Heterogenen zum Homogenen gibt, wenn es ein konstantes Fortschreiten der Materie zu geordneteren Zuständen gibt, wenn es eine Evolution der Arten zu einer »Überart« (vorläufig vielleicht die Menschheit) gibt, dann liegt der Gedanke nahe, daß es in der Tiefe des Universums selbst eine Ursache für die Harmonie der Ursachen gibt, eine Intelligenz.

Die offenkundige Anwesenheit dieser Intelligenz noch im Innern der Materie bringt mich ein für allemal von der Auffassung eines Universums ab, das »durch Zufall« entstanden wäre, das das Leben »durch Zufall« und auch die Intelligenz »durch Zufall« hervorgebracht hätte.

Grichka Bogdanov: Nehmen wir einen konkreten Fall: Eine lebende Zelle besteht aus etwa zwanzig Aminosäuren, die eine enge »Kette« bilden. Die Funktion dieser Aminosäuren hängt ihrerseits von ungefähr 2000 spezifischen Enzymen ab. Danach berechnen die Biologen, daß die Wahrscheinlichkeit, daß etwa tausend verschiedene Enzyme sich auf geordnete Weise einander annähern und schließlich eine lebendige Zelle bilden (im Verlauf einer Evolution von mehreren Milliarden Jahren), von der Größenordnung 10^{1000} zu 1 ist.

Jean Guitton: Das heißt, diese Chance ist gleich Null.

Igor Bogdanov: Das brachte Francis Crick, Träger des Nobelpreises für Biologie wegen seiner Entdeckung der DNS, zu derselben Schlußfolgerung: »Ein aufrichtiger Mensch, der all das uns heute zugängliche Wissen besitzt, müßte einräumen, daß der Ursprung des Lebens derzeit einem Wunder gleichzukommen scheint, so viele Bedingungen müssen erfüllt werden, um es in Gang zu setzen.«

GRICHKA BOGDANOV: Ja, kehren wir für einen Augenblick zu den Ursprüngen vor vier Milliarden Jahren zurück. In jener fernen Epoche existiert noch nicht, was man Leben nennt. Auf der von den ewigen Winden gepeitschten Erde werden die entstehenden Moleküle unaufhörlich durcheinandergewirbelt, zerbrochen, neugebildet, dann abermals zerstreut vom Blitz, von der Hitze, von den Strahlungen und den Zyklonen.

Doch schon in diesem anfänglichen Stadium fügen sich die ersten einfachen Körper zusammen, gemäß Gesetzen, die bereits nicht dem Zufall unterliegen. Zum Beispiel gibt es in der Chemie ein Prinzip, das heute unter dem Namen »topologische Ladungsstabilisierung« bekannt ist. Dieses »Gesetz« besagt, daß die Moleküle, die in ihrer Struktur Ketten alternierender Atome enthalten (insbesondere Kohlenstoff, Stickstoff und Sauerstoff), stabile Systeme bilden, wenn sie sich zusammenfügen.

Um welche Systeme handelt es sich? Um nichts Geringeres als die Grundbausteine, aus denen die Mechanik des Lebendigen besteht: die Aminosäuren.

Nach demselben Gesetz atomarer Affinität fügen diese sich ihrerseits zusammen, um die ersten Ketten jener kostbaren Materialien des Lebens zu bilden: die Peptide.

In jener »Ursuppe«, in den schwarzen Wogen der ersten Meere der Welt, tauchen auf diese Weise die allerersten Stickstoffverbindungen auf (die man »Purine« und »Pyrimidine« nennt), aus denen später der genetische Code entsteht. Und das große Abenteuer beginnt, das die Materie in einer unaufhaltsamen, aufsteigenden Spirale langsam in die Höhe trägt: Die ersten stickstoffhaltigen Partikel verstärken sich, indem sie sich mit Phosphat und Zuckern verbinden, bis sie die Prototypen der Nucleotide bilden, jener berühmten Grundelemente, die, indem sie ihrerseits endlose Ketten bilden, zu jener fundamentalen Etappe des Lebendigen führen, nämlich zur Entstehung der Ribonucleinsäure (der berühmten RNS, die fast ebenso bekannt ist wie die DNS).

Somit hat die Evolution innerhalb einiger hundert Millionen Jahre stabile, autonome biochemische Systeme hervorgebracht, die von außen durch Zellwände geschützt sind und bereits bestimmten primitiven Bakterien ähneln.

Jean Guitton: Abgesehen von der Zufuhr an Energie (die in der damaligen Umwelt im Überfluß vorhanden war) bestand das wahre Problem, mit dem diese archaischen Zellen konfrontiert waren, in der Reproduktion. Denn wie lassen sich diese kostbaren Verbindungen aufrechterhalten? Wie konnten diese kleinen Wunderwerke der Natur ihre Dauer gewährleisten? Wir sahen, daß die Aminosäuren, aus denen sie bestanden, einer präzisen Ordnung gehorchen. Diese ersten Zellen mußten also lernen, diese Verknüpfung in der Verarbeitung ihrer Basisproteine zu »kopieren«, um selbst imstande zu sein, neue Proteine herzustellen, die den vorherigen in allen Punkten gleichen.

Die Frage ist also, wie sich die Dinge in diesem Stadium abgespielt haben: Wie haben diese allerersten Zellen die zahllosen Kunstgriffe erfunden, die zu jenem Wunder führten: der Reproduktion?

IGOR BOGDANOV: Auch hier hat ein in der Materie selbst eingeschriebenes »Gesetz« das Wunder ermöglicht: Die »polarsten« Aminosäuren (das heißt diejenigen, die eine hohe elektrostatische Ladung besitzen) werden spontan von Stickstoffmolekülen angezogen, während die weniger polaren sich eher mit anderen Familien verbinden, wie mit dem Cytosin.

Auf diese Weise entstand der erste Entwurf des genetischen Codes: Indem sich unsere berühmten Aminosäuren ganz bestimmten Nucleotiden (und nicht bestimmten anderen) annäherten, haben sie langsam ihre eigenen Baupläne entwickelt, dann die zu ihrer Herstellung benötigten Werkzeuge und Materialien.

GRICHKA BOGDANOV: Wir müssen es hier noch einmal betonen: Keine der erwähnten Operationen konnte durch Zufall erfolgen.

Ein Beispiel unter anderen: Damit die Verbindung der Nucleotiden »durch Zufall« zur Entwicklung eines verwendbaren RNS-Moleküls führt, hätte die Natur die Versuche *aufs Geratewohl* mindestens 10^{15} Jahre lang fortsetzen müssen, das heißt hunderttausendmal länger, als unser Universum alt ist.

Ein weiteres Beispiel: Hätte der Urozean alle Varianten (das heißt alle Isomere) durchgespielt, die anhand eines einzigen, mehrere Hundert Atome enthaltenden Moleküls »durch Zufall« hätten hervorgebracht werden können, so hätte dies zur Konstruktion von mehr als 10^{80} möglichen Isomeren geführt. Das gesamte Universum enthält nun aber zweifellos weniger als 10^{80} Atome.

Jean Guitton: Anders gesagt, ein einziger Zufallsversuch auf der Erde hätte ausgereicht, das gesamte Universum auszuschöpfen. Es sieht fast so aus, als wären alle Evolutionsschemata im voraus, schon zu Anfang geschrieben worden.

Aber hier erhebt sich erneut eine Frage. Wenn die Evolution der Materie zum Leben und zum Bewußtsein tatsächlich einer *Ordnung* untersteht, um welche Ordnung handelt es sich?

Wobei anzumerken ist, daß, wenn der Zufall dahin tendiert, die Ordnung zu zerstören, die Intelligenz sich dagegen darin äußert, daß sie die Dinge organisiert, aus dem Chaos eine Ordnung entstehen läßt. Daraus schließe ich also, wenn ich die verblüffende Komplexität des Lebens betrachte, daß das Universum selbst »intelligent« ist: Eine Intelligenz, die alles transzendiert, was auf unserer Realitätsebene (im uranfänglichen Augenblick dessen, was wir die Schöpfung nennen) existiert, hat die Materie geordnet und das Leben entstehen lassen.

Aber noch einmal: Was ist die tiefe Natur dieser »Ordnung«, dieser *Intelligenz*, die in allen Dimensionen des Realen zu erkennen ist?

Igor Bogdanov: Bevor wir darauf antworten, müssen wir uns noch etwas klarer darüber werden, was wir *Zufall* nennen.

Auf den vorstehenden Seiten haben wir gesehen, daß das Abenteuer des Lebens aus einer universellen Tendenz der Materie resultiert, sich spontan zu immer heterogeneren Systemen zu organisieren. Die Bewegung verläuft von der Einheit zur Vielfalt, indem sie aus Unordnung Ordnung *schafft und immer komplexere Organisationsstrukturen entwickelt.*

Aber warum bringt die Natur Ordnung hervor? Diese Frage kann man nicht beantworten, ohne an Folgendes zu erinnern: Das Universum scheint genauestens reguliert worden zu sein, um das Auftauchen einer geordneten Materie, sodann des Lebens und schließlich des Bewußtseins zu ermöglichen. Wären die physikalischen Gesetze nicht genau so gewesen, wie sie es sind, dann »wären wir nicht hier, um darüber zu sprechen«, wie der Astrophysiker Hubert Reeves betont. Mehr noch: Hätte eine der großen universellen Konstanten – zum Beispiel die Gravitation, die Lichtgeschwindigkeit oder die Plancksche Konstante – am Ursprung auch nur eine winzige Veränderung erfahren, so hätte das Universum keine Chance gehabt, lebendige und intelligente Wesen zu beherbergen: Vielleicht sogar wäre es überhaupt nicht entstanden.

Ist diese schwindelerregend präzise Regulierung schierer »Zufall«, oder entspringt sie dem Willen einer Ersten Ursache, einer organisierenden Intelligenz, die unsere Realität transzendiert?

Zufall oder Notwendigkeit?

Grichka Bogdanov: Nachdem wir den langen Weg des Lebens von den ersten organischen Molekülen bis zum Menschen zurückgelegt haben, stehen wir erneut vor einer unausweichlichen Frage: Ist die kosmische Evolution, die bis zum Menschen geführt hat, ein Ergebnis des Zufalls, wie der Biologe Jacques Monod meinte, oder ist diese Evolution in einem universellen *großen Plan* niedergeschrieben, von dem jedes Element minutiös berechnet worden wäre? Liegt dem, was wir, ohne ihn zu verstehen, den Zufall nennen, eine Ordnung zugrunde?

Jean Guitton: Um diese Frage beantworten zu können, müssen wir uns dem *tiefen Zufall* zuwenden, dem des Rätsels und der Geheimnisse: Was ist die Bedeutung dessen, was man schlicht *die Ordnung der Dinge* nennt?

Sehen wir uns eine Schneeflocke an. Dieses kleine Objekt gehorcht überraschend subtilen mathematischen und physikalischen Gesetzen, die geordnete geometrische Figuren entstehen lassen, die sich alle voneinander unterscheiden: Kristalle und Polykristalle, Nadeln und Dendriten, Plättchen und Säulen usw. Das Erstaunlichste ist, daß jede Schneeflocke auf der Welt einzigartig ist: Nachdem sie eine Stunde im Wind schwebte, wurde sie allen möglichen Bedingungen unterworfen (Temperatur,

Feuchtigkeit, Unreinheiten in der Atmosphäre), die zu einer spezifischen Gestalt führen: Die Endform einer Flocke enthält die Geschichte aller atmosphärischen Bedingungen, denen sie begegnet ist. Was mich fasziniert, ist, daß ich im Innern der Schneeflocke die Essenz einer Ordnung wiederfinde: Ein empfindliches Gleichgewicht zwischen Kräften der Stabilität und Kräften der Instabilität; eine fruchtbare Wechselwirkung zwischen Kräften im menschlichen Maßstab und Kräften im atomaren Maßstab. Woher kommt dieses Gleichgewicht? Was ist der Ursprung dieser Ordnung, dieser Symmetrie?

IGOR BOGDANOV: Um den Ansatz einer Antwort zu finden, wollen wir noch etwas tiefer in das unendlich Kleine eindringen. Sehen wir zu, was auf der Ebene des Atoms geschieht. Das Verhalten der Elementarteilchen erscheint ungeordnet, zufällig, unvorhersehbar. In der Quantenphysik gibt es nämlich keine Möglichkeit, individuelle oder singuläre Ereignisse *vorherzusagen*. Stellen wir uns vor, wir würden ein Kilo Radium in einer Stahlkammer verschließen und tausendsechshundert Jahre später wiederkommen, um nachzusehen, was geschehen ist. Werden wir unser Kilo Radium unversehrt wiederfinden? Keineswegs: Die Hälfte der Radiumatome wird verschwunden sein, gemäß dem wohlbekannten Prozeß des radioaktiven Zerfalls. Die Physiker sagen, daß die »Halbwertzeit« des Radiums tausendsechshundert Jahre beträgt: die Zeitspanne, in der die Hälfte der Atome eines Radiumblocks zerfällt.

Hier erhebt sich eine Frage: Können wir angeben,

welche Radiumatome zerfallen werden? Auch wenn es den Verfechtern des Determinismus mißfällt: Wir haben keinerlei Möglichkeit herauszufinden, *warum* das eine Atom schneller zerfällt als ein anderes. Wir können vorhersagen, *wie viele* Atome zerfallen werden, aber wir sind außerstande zu sagen, *welche*: Kein physikalisches Gesetz erlaubt uns, den Vorgang zu beschreiben, der am Ursprung dieser Selektion steht. Die Quantentheorie vermag zwar mit sehr großer Genauigkeit das Verhalten einer Gruppe von Teilchen zu beschreiben, aber sobald es um ein individuelles Teilchen geht, kann sie sich nur auf *Wahrscheinlichkeiten* berufen.

JEAN GUITTON: Ein starkes Argument. Aber es kann meine Überzeugung nicht erschüttern. Bis zu welchem Punkt erweist sich das, was uns auf einer bestimmten Ebene als zufällig erscheint, auf einer höheren Ebene nicht als geordnet? Um darauf zurückzukommen, was wir anläßlich des Zufalls sagten: Ich habe den Eindruck, daß er nicht existiert; was wir Zufall nennen, ist lediglich unsere Unfähigkeit, einen höheren Grad von Ordnung zu verstehen.

GRICHKA BOGDANOV: Hier begegnen wir den Ideen des englischen Physikers David Bohm, dem zufolge die Bewegungen der Staubkörner in einem Sonnenstrahl nur scheinbar zufällig sind: Hinter der sichtbaren Unordnung der Phänomene gibt es eine tiefe Ordnung von unendlich höherem Grad, die erklären könnte, was wir als Ergebnis des Zufalls deuten.[3] Erinnern wir uns beispielsweise an ein berühmtes physikalisches Experiment: das »Doppelspalt-Experiment«. Die Versuchsanordnung ist denkbar einfach: Man schiebt einen Schirm, in dem sich zwei parallele senkrechte Spalte befinden, zwischen eine photographische Platte und eine Lichtquelle, die es erlaubt, Photonen, das heißt Lichtteilchen, auf den Schirm zu werfen. Projiziert man nun die Lichtteilchen *eines nach dem anderen* zu den Spalten, können wir unmöglich sagen, welchen Spalt das Teilchen passieren wird, ebensowenig, *wo* genau es auf der photographischen Platte auftreffen wird. In dieser Hinsicht sind die Bewegungen und die Bahn des Lichtteilchens zufällig und unvorhersehbar.

Doch nach ungefähr tausend »Abschüssen« hinterlassen die Photonen keinen zufallsbedingten Fleck auf der photographischen Platte. Die Gesamtheit der einzelnen projizierten Teilchen bildet nämlich ein vollkommen geordnetes Muster, wohlbekannt unter dem Namen »Interferenzstreifen«. Dieses Muster war als Ganzes genau vorhersehbar. Anders gesagt, der »zufällige« Charakter des Verhaltens jedes einzelnen Teilchens barg in Wahrheit einen sehr hohen Ordnungsgrad, den wir nicht zu deuten vermochten.

JEAN GUITTON: Dieses Experiment bestätigt meine erste Intuition: Das Universum enthält keinen Zufall, sondern verschiedene Ordnungsgrade, deren Hierarchie wir zu entziffern haben. Zusammen mit meinen Kollegen der Akademie der Wissenschaften habe ich an einem Buch über die Turbulenz, über bestimmte chaotische Phänomene gearbeitet, wie sie die Wirbel im Wasser oder die Ringel eines Rauchfadens in ruhiger Luft darstellen. Augenscheinlich sind diese Bewegungen sowohl unbeschreibbar wie unvorhersehbar; doch wider alles Erwarten macht sich hinter den Turbulenzen oder den abenteuerlichen Bewegungen des Rauchs eine Art *Zwang* bemerkbar: Die Unordnung wird gewissermaßen kanalisiert, innerhalb von Motiven, die nach ein und demselben zugrundeliegenden Modell konstruiert sind, dem die Chaos-Spezialisten den hübschen Namen »Seltsamer Attraktor« gegeben haben.

GRICHKA BOGDANOV: Eine Bemerkung zu diesem Seltsamen Attraktor. Er existiert im »Phasenraum«, das heißt in dem Raum, der alle dynamischen Informationen, alle möglichen Variationen eines mechanischen Systems enthält. Ein Beispiel: Ein Fixpunkt, an dem eine Stahlkugel hängt. Diese Kugel kann sich am Ende ihres Fadens verlagern, jedoch nur innerhalb einer präzisen Umlaufbahn, von der unsere Kugel kaum abweichen kann. Im Phasenraum werden alle einander benachbarten Bahnen gleichsam angezogen von der Rotationsbahn: sie ist der »Seltsame Attraktor« des Systems. Was aber für ein einfaches System zutrifft, gilt um so mehr für komplexe Systeme: Bei ihnen gibt es mehrere »Seltsame Attraktoren«, die ihr Verhalten in der Tiefe bestimmen.

IGOR BOGDANOV: Im makroskopischen Maßstab bleibt das Vorhandensein geordneter Strukturen, die das Universum kennzeichnen, trotz all unserer Kenntnisse ein Geheimnis. Nehmen wir die Frage nach der Homogenität der Galaxien: Die Gleichförmigkeit und die Isotropie der Verteilung der Materie sind verblüffend; erinnern wir uns, daß die Größe des beobachtbaren Universums einer Größenordnung von 10^{28} Zentimeter entspricht; in diesem Maßstab hat die Materie eine gleichförmige Dichte, die man mit einer Genauigkeit von 10^{-5} messen kann. Auf niederen Ebenen hört das Universum freilich auf, homogen zu sein: es besteht aus Galaxienhaufen, die Galaxien enthalten, die wiederum aus Sternen bestehen usw. Wie konnte die Inhomogenität, die in kleinem Maßstab herrscht, im großen Maßstab eine so hohe Ordnung hervorbringen?

JEAN GUITTON: Wenn eine zugrundeliegende *Ordnung* die Evolution des Realen lenkt, wird es unmöglich, aus wissenschaftlicher Sicht zu behaupten, das Leben und die Intelligenz seien im Universum infolge einer Reihe von Unfällen, zufälligen Ereignissen entstanden, die keinerlei Endzweck verfolgten. Wenn ich die Natur und die Gesetze beobachte, die sie erkennen läßt, hat das gesamte Universum *die Tendenz zum Bewußtsein*. Mehr noch: In seiner ungeheuren Komplexität und trotz seines feindlichen Äußeren ist das Universum dazu *geschaffen*, Lebendiges, Bewußtsein und Intelligenz hervorzubringen. Warum? Weil – um ein berühmtes Zitat zu paraphrasieren – »Materie ohne Bewußtsein den Untergang des Universums bedeutet«. Ohne uns, ohne ein Bewußtsein, das von sich selbst zeugt, könnte das Universum nicht existieren: *Wir selbst sind das Universum*, sein Leben, sein Bewußtsein, seine Intelligenz.

GRICHKA BOGDANOV: Wir rühren hier an das große Geheimnis. Erinnern wir uns, daß die gesamte Realität auf wenigen kosmologischen Konstanten beruht: weniger als fünfzehn. Es handelt sich um die Gravitation, die Lichtgeschwindigkeit, den absoluten Nullpunkt, die Plancksche Konstante usw. Wir kennen den Wert einer jeden dieser Konstanten mit bemerkenswerter Genauigkeit.

Wäre nun aber *eine einzige* dieser Konstanten auch nur geringfügig verändert worden, dann hätte das Universum – zumindest so, wie wir es kennen – nicht entstehen können. Ein frappierendes Beispiel dafür ist die Anfangsdichte des Universums: Hätte sich diese Dichte nur um ein weniges von dem kritischen Wert entfernt, die es in der 10^{-43}sten Sekunde nach dem Urknall besaß, dann hätte sich das Universum nicht bilden können.

IGOR BOGDANOV: Heute ist das Verhältnis zwischen der Dichte des Universums und der ursprünglichen kritischen Dichte 0,1; doch in jener sehr fernen Epoche, bis zu der wir zurückgehen, war es unglaublich nahe an 1, nämlich 10^{-35} Sekunden. Der Abstand zur kritischen Schwelle war einen Augenblick nach dem Urknall außerordentlich gering (10^{-40}), so daß das Universum also gleich nach seiner Geburt »ins Gleichgewicht« gebracht worden ist.

Grichka Bogdanov: Das hat die Auslösung aller folgenden Phasen ermöglicht. Ein weiteres Beispiel für diese phantastische Regulierung: Wenn wir die Intensität der Kernkraft, die für den Zusammenhalt des Atomkerns sorgt, um knapp ein Prozent erhöhen würden, nähmen wir den Wasserstoffkernen jede Möglichkeit, frei zu bleiben; sie würden sich mit anderen Protonen und Neutronen verbinden und schwere Kerne bilden. Und so könnte sich der Wasserstoff, da er nicht mehr existierte, nicht mehr mit den Sauerstoffatomen verbinden, um das für die Entstehung des Lebens unerläßliche Wasser zu erzeugen. Wenn wir dagegen diese Kernkraft leicht verringern würden, wäre die Verschmelzung der Wasserstoffkerne unmöglich. Ohne Kernverschmelzung keine Sonnen, keine Energiequellen, kein Leben.

Igor Bogdanov: Was für die Kernkraft gilt, gilt natürlich auch für andere Parameter, wie die elektromagnetische Kraft. Wenn wir sie nur geringfügig erhöhten, würden wir die Verbindung zwischen Elektron und Kern verstärken; und damit wären die chemischen Reaktionen, die aus dem Übergang der Elektronen zu anderen Kernen resultieren, nicht mehr möglich. Viele Elemente könnten sich nicht bilden, und in einem solchen Universum hätten die DNS-Moleküle keine Chance gehabt, jemals aufzutauchen.

Weitere Beweise für die vollkommene Regulierung unseres Universums? Die Schwerkraft: Wäre sie bei seiner Entstehung auch nur ein klein wenig schwächer gewesen, dann hätten die ursprünglichen Wasserstoffwolken sich niemals verdichten können, um die kritische Schwelle der Kernverschmelzung zu erreichen: die Sterne hätten sich nie entzündet. Im entgegengesetzten Fall wären wir kaum besser dran: Eine stärkere Schwerkraft hätte zu einem wahren »Durchdrehen« der Kernreaktionen geführt; die Sterne wären wie wild in Brand geraten und so schnell verglüht, daß das Leben keine Zeit gehabt hätte, sich zu entwickeln.

Welche Parameter man auch betrachtet, die Schlußfolgerung ist immer dieselbe: Wenn man ihren Wert auch nur um ein weniges verändert, beseitigt man jede Möglichkeit der Entfaltung des Lebens. Die Grundkonstanten der Natur sowie die Anfangsbedingungen, die das Entstehen des Lebens erlaubten, scheinen also mit schwindelerregender Präzision reguliert zu sein. Noch eine letzte Zahl: Hätte die Fluchtgeschwindigkeit des Universums zu Beginn auch nur eine Abweichung von 10^{-40} erfahren, dann hätte sich die Urmaterie in der Leere verstreut: Das Universum hätte weder die Galaxien noch die Sterne noch das Leben hervorbringen können. Um die unvorstellbare Genauigkeit zu veranschaulichen, mit der das Universum reguliert worden zu sein scheint, braucht man sich nur vorzustellen, welche Leistung ein Golfspieler zu erbringen hätte, dem es gelingen müßte, von der Erde aus seinen Ball in ein Loch irgendwo auf dem Planeten Mars zu plazieren!

Jean Guitton: Solche Zahlen bestärken mich in meiner Überzeugung: Weder die Galaxien und ihre Milliarden Sterne noch die Planeten und die Lebensformen, die sie enthalten, sind ein Unfall oder eine simple »Fluktuation des Zufalls«. Wir sind nicht eines schönen Tages *einfach so* aufgetaucht, weil ein Paar kosmischer Würfel auf die richtige Seite gerollt ist. Überlassen wir das denjenigen, die der Wahrheit der Zahlen nicht ins Auge sehen wollen.

IGOR BOGDANOV: Es ist richtig, daß die Wahrscheinlichkeitsrechnung für ein geordnetes, minutiös geregeltes Universum spricht, dessen Existenz nicht dem Zufall zu verdanken sein kann. Zwar haben uns die Mathematiker noch nicht die ganze Geschichte des Zufalls erzählt: Sie wissen nicht einmal, was das ist. Aber sie haben mit Hilfe von Rechnern, die Zufallszahlen erzeugen, bestimmte Experimente durchführen können. Anhand einer von den numerischen Lösungen algebraischer Gleichungen abgeleiteten Regel hat man *Zufall produzierende Maschinen* programmiert. Hier weisen die Wahrscheinlichkeitsgesetze darauf hin, daß diese Rechner Milliarden mal Milliarden mal Milliarden Jahre, das heißt eine nahezu unendlich lange Zeit rechnen müßten, bevor eine Kombination von Zahlen vergleichbar denen auftauchen kann, die die Entstehung des Universums und des Lebens ermöglicht haben. Anders gesagt, die mathematische Wahrscheinlichkeit, daß das Universum durch Zufall hervorgebracht wurde, ist praktisch gleich Null.

JEAN GUITTON: Davon bin ich überzeugt. Wenn das Universum so existiert, wie wir es kennen, dann genau deshalb, um dem Leben und dem Bewußtsein die Möglichkeit zu geben, sich zu entwickeln. Unsere Existenz war gewissermaßen *von Anfang an*, zur Planckschen Zeit, aufs genaueste programmiert. Alles, was mich heute umgibt, vom Schauspiel der Sterne bis zu den Bäumen im Jardin du Luxembourg, das alles existierte *bereits* im Keim in dem winzigen Universum des Anfangs: Das Universum *wußte*, daß der Mensch zu seiner Zeit kommen würde.

GRICHKA BOGDANOV: Wir finden hier das 1974 von dem englischen Astrophysiker Brandon Carter formulierte »anthropische Prinzip« wieder. Ihm zufolge »hat das Universum nämlich ganz genau die Eigenschaften, die erforderlich sind, um ein des Bewußtseins und der Intelligenz fähiges Wesen hervorzubringen«. Damit sind die Dinge ganz einfach deshalb so, wie sie sind, weil sie gar *nicht anders hätten sein können*: In der Realität gibt es keinen Platz für ein anderes Universum als für das, das uns hervorgebracht hat.

IGOR BOGDANOV: Falls wir uns nicht der Idee anschließen, daß es neben unserem Universum noch unendlich viele andere »parallele« Universen gibt, die alle mehr oder weniger große Unterschiede zu dem unseren aufweisen. Aber darauf werden wir später näher eingehen.

JEAN GUITTON: Wenn es tatsächlich keinen Platz für ein anderes Universum gibt als für das, in dem wir leben, heißt das ein weiteres Mal, daß *hinter* der expliziten Unordnung, die sich so großzügig manifestiert, eine implizite, sehr tiefe und unsichtbare Ordnung am Werk ist. Die Natur bildet unmittelbar aus dem Chaos die komplizierten und hochorganisierten Formen des Lebens. Im Gegensatz zur unbelebten Materie ist das Universum des Lebendigen durch einen Grad zunehmender Ordnung gekennzeichnet; während das physikalische Universum einer immer größeren Entropie zustrebt, schwimmt das Lebendige gewissermaßen gegen diesen Strom, um immer mehr Ordnung zu schaffen.

Somit müssen wir die Rolle dessen, was wir »Zufall« nennen, neu bewerten. Jung behauptete, daß das Auftauchen »signifikanter Koinzidenzen« notwendig die Existenz eines erklärenden Prinzips beinhalte, das zu den Begriffen von Raum, Zeit und Kausalität hinzukommen müsse. Dieses große Prinzip, »Synchronizitäts-Prinzip« genannt, gründet auf einer universellen Ordnung, die die Kausalität ergänzt. Am Anfang der Schöpfung steht kein aleatorisches Ereignis, *kein Zufall*, sondern ein Grad von Ordnung, der unendlich höher ist als alles, was wir uns vorzustellen vermögen: eine höchste Ordnung, die die physikalischen Konstanten, die Anfangsbedingungen, das Verhalten der Atome und das Leben der Sterne reguliert. Mächtig, frei, unendlich existent, geheimnisvoll, implizit, unsichtbar, wahrnehmbar, *ist es da*, ewig und notwendig, hinter den Phänomenen, weit über dem Universum, aber in jedem Teilchen präsent.

Somit scheint die Realität – so, wie wir sie kennen – das Ergebnis einer transzendenten Ordnung zu sein, die ihrer Entstehung und Entwicklung zugrunde liegt.

Was aber ist das Reale? Woraus besteht die physikalische Welt, die uns umgibt? Die mechanistische Auffassung des Universums, wie Newtons Physik sie vorgeschlagen hat, gründet auf der Idee, daß die Realität zwei fundamentale Dinge enthält: feste Körper und leeren Raum. Im täglichen Leben funktioniert diese Auffassung fehlerlos: Die Begriffe eines leeren Raums und fester Körper sind vollkommener Teil unserer Art zu denken und die physikalische Welt zu erfassen. Der Bereich des Alltags kann daher als eine »Region mittlerer Dimension« betrachtet werden, in der weiterhin die Regeln der klassischen Physik Geltung haben.

Doch alles ändert sich, wenn wir das Universum unseres Lebens verlassen und in das unendlich Kleine eindringen, um nach seinen letzten Bestandteilen zu suchen. Erst zu Beginn dieses Jahrhunderts sollte man dank der Entdeckung der radioaktiven Substanzen die wahre Natur der Atome verstehen: Sie waren keine Kugeln aus unteilbarer Materie, sondern bestanden aus noch kleine-

ren Teilchen. In der Folge der Experimente von Rutherford haben die Untersuchungen Heisenbergs und der Quantenphysiker gezeigt, daß die Bestandteile der Atome – Elektronen, Protonen, Neutronen sowie Dutzende anderer subnuklearer Teilchen, die später entdeckt wurden – keine der Eigenschaften aufweisen, die man mit den physikalischen Objekten verbindet. Die Elementarteilchen verhalten sich ganz einfach nicht so wie »feste« Teilchen: Sie scheinen sich wie abstrakte Entitäten zu verhalten.

Worum handelt es sich?

Um das herauszufinden, müssen wir unsere Welt, ihre Gesetze und Gewißheiten verlassen. Und dann werden wir wohl oder übel einräumen müssen, daß das Universum nicht nur seltsamer ist als wir denken, sondern noch viel seltsamer, als wir denken können.[1]

Auf der Suche nach der Materie

JEAN GUITTON: Seit nunmehr fast einem Jahrhundert sind wir in die *Quanten-Ära* eingetreten: Inwiefern stellt diese neue Auffassung unser Verständnis der Gegenstände in Frage, die uns im täglichen Leben umgeben? Greifen wir noch einmal auf das Beispiel unseres Schlüssels zurück: Was wir gelernt haben, zwingt uns von nun an einzuräumen, daß dieser Schlüssel aus Entitäten besteht, die zu einer *anderen Welt* gehören: der Welt des unendlich Kleinen, des Atoms und der Elementarteilchen. Wie aber läßt sich die Evolution unserer theoretischen Erkenntnisse mit der Erfahrung in Einklang bringen, die wir mit der Alltagsrealität machen? Alles, was die Quantenphysik mir über diesen Schlüssel beigebracht hat, hindert mich nämlich nicht daran, ihn als ein materielles »Objekt« zu empfinden, dessen Gewicht und Konsistenz ich in meiner Hand spüre. Aber das ist lediglich eine Illusion auf der Bühne der Realität. Was also ist *jenseits* seiner festen Substanz? Bevor ich der heutigen Wissenschaft das Wort erteile, möchte ich auf zwei große Denker zurückkommen, die, jeder auf seine Weise, diese Frage beantwortet haben: der erste hieß Bergson.

Eines schönen Tages im Mai 1921 hatte ich beschlossen, mich zur *Académie des Sciences morales et politiques* zu begeben. Dort traf ich zum erstenmal (oder vielmehr sah ich von weitem im Dämmerlicht eines Saals, der nach altem Holz und Wachs roch) den großen Bergson. Von dieser ersten Begegnung bleibt mir heute zweierlei in Erinnerung: eine Zeichnung seines Gesichts, das ich hastig im Profil kritzelte, und hinter dem Bild eine tiefe, unauslöschliche Spur seines Denkens. An jenem Tag wurde mir klar, daß er eine rein *spirituelle* Ansicht von der Materie hatte. Um sie richtig zu verstehen, muß man sich daran erinnern, was er 1912 an einen Jesuiten, Pater de Tonquédec, schrieb:

»Alle in meinem Essay ›Materie und Gedächtnis‹ dargelegten Erwägungen lassen die Realität des Geistes mit Händen greifen, so hoffe ich. Aus alledem wird natürlich die Idee eines schöpferischen Gottes und freien Erzeugers sowohl der Materie wie des Lebens erkennbar.«

Wie war er zu einer solchen Gewißheit gekommen? Ganz einfach indem er sich auf die Idee stützte, daß es am Ursprung des Universums einen Aufschwung reinen Bewußtseins gibt, einen Aufstieg in die Höhe, der einen Augenblick lang unterbrochen wurde und »gefallen« ist. Dieser Fall, dieser *Niederschlag* des göttlichen Bewußtseins hat die Materie geschaffen, wie wir sie kennen. Es verwundert also nicht, daß diese Materie ein mit ihren Ursprüngen verbundenes »geistiges« Gedächtnis hat.

Nun noch ein paar Worte zu einem zweiten Denker, der ebenfalls eine wichtige Rolle in meinem Leben gespielt hat: Teilhard de Chardin. Er war der Mitstreiter meines Onkels Joseph gewesen, der mir schon immer von ihm erzählt hatte. Ich traf ihn schließlich 1928. Er ging *ganz und gar* in jener ersten Erscheinung auf, durchdrungen von jenem Ernst, der ihn nie verließ. Es ist viel über diesen großen Denker gesagt und geschrieben worden; aber das Wesentliche seiner Philosophie kommt nicht so sehr (wie man zu Unrecht meint) in der Anschauung zum Ausdruck, die er von der biologischen Evolution hatte, sondern eher in seiner ganz persönlichen Idee von der Materie. Diese Idee hat sich ihm unvermittelt aufgedrängt, als er sieben Jahre alt war. Eines Tages hatte er mit seiner Kinderhand eine Pflugschar gestreift. Blitzartig wurde ihm klar, was das Sein war: etwas Hartes, Reines und *Greifbares*. Vor allem aber begann seine Mutter in eben dem Augenblick, als sich seine kleinen Finger auf den kalten glatten Stahl des Geräts legten, ihm von Jesus Christus zu erzählen. Damals haben sich in diesem Kind die beiden Extreme des Seins, Geist und Materie, diese beiden Pole, die meist einander entgegengesetzt werden, für immer vereint.

Heute möchte ich Bergson und Teilhard de Chardin recht geben; wie sie bin auch ich versucht zu glauben, daß die Materie aus Geist *gemacht* ist und daß sie uns folglich unmittelbar zur Anschauung Gottes führt. Ist mein Glaube an die »Geistigkeit« der Materie oder auch an die Materialität des Geistes sechzig Jahre nach den Entdeckungen der Quantentheorie noch objektiv begründet?

Führen uns die neuesten Erkenntnisse über die Materie auf wissenschaftlichem Wege zum Geist? Wir beginnen zu verstehen, daß es Antworten auf diese Fragen geben kann: Wir müssen sie im Herzen der Materie, in ihrem tiefsten Innern suchen.

GRICHKA BOGDANOV: Gehen wir von etwas Sichtbarem aus: einem Wassertropfen zum Beispiel. Er besteht aus Molekülen (etwa tausend Milliarden von Milliarden), von denen jedes einzelne 10^{-9} Meter mißt. Dringen wir nun in dieses Molekül ein: Dort entdecken wir noch wesentlich kleinere Atome, deren Umfang 10^{-10} Meter beträgt. Setzen wir unsere Reise fort. Jedes dieser Atome besteht aus einem noch kleineren Kern (10^{-14} Meter) sowie um ihn »kreisenden« Elektronen.

Aber damit ist unsere Entdeckung noch nicht zu Ende. Ein weiterer Sprung, und wir befinden uns im Innern des Kerns: Diesmal begegnen wir einer Menge neuer Teilchen (den Nukleonen, von denen die Protonen und die Neutronen die wichtigsten sind) von außerordentlicher Kleinheit, denn sie haben einen Umfang von 10^{-15} Meter. Sind wir nun am Ende unserer Reise? Handelt es sich um die letzte Grenze, hinter der es nichts mehr gibt? Keineswegs.

Seit etwa zwanzig Jahren sind noch kleinere Teilchen entdeckt worden, die Hadronen, die selbst wieder aus infinitesimalen Entitäten bestehen, die die unvorstellbare »Größe« von 10^{-18} Meter erreichen: die Quarks. Wir werden weiter unten sehen, warum diese Teilchen eine »Dimensionsmauer« darstellen: Es gibt keine physikalische Größe, die *kleiner* ist als 10^{-18} Meter.

IGOR BOGDANOV: Kehren wir zu Ihrem Schlüssel zurück. Das erste, was wir nunmehr mit Sicherheit wissen, ist, daß er *aus Leere besteht*. Ein Beispiel wird uns verstehen helfen, daß das gesamte Universum im wesentlichen aus Leere besteht. Stellen wir uns vor, daß unser Schlüssel wächst, bis er die Größe der Erde erreicht hat. In diesem Maßstab wären die Atome, die den Riesenschlüssel bilden, kaum so groß wie Kirschen.

Aber da ist etwas noch Überraschenderes. Nehmen wir an, wir nähmen eines dieser kirschgroßen Atome in die Hand. Wir könnten es noch so genau untersuchen, sogar mit Hilfe eines Mikroskops, es wäre uns absolut unmöglich, den Kern zu beobachten, da er in diesem Maßstab viel zu klein ist. Um etwas zu sehen, müssen wir erneut den Maßstab ändern. Die Kirsche, die unser Atom darstellt, wächst also erneut und wird eine enorme, zweihundert Meter hohe Kugel. Trotz dieses beeindrukkenden Umfangs ist der Kern unseres Atoms nicht größer als ein winziges Staubkorn. Genau das ist die Leere des Atoms.

Grichka Bogdanov: Verweilen wir bei diesem verwirrenden Thema: dem Paradox einer Vielzahl von Elementen, die letztlich in der Leere, im Unfaßbaren münden. Um das zu verstehen, wollen wir einmal annehmen, daß ich alle Atome eines Salzkorns zählen möchte. Und nehmen wir außerdem an, ich wäre so schnell, daß ich pro Sekunde eine Milliarde von ihnen zählen könnte. Trotz dieser beachtlichen Leistung würde ich mehr als fünfhundert Jahre brauchen, um die vollständige Zählung der Atompopulationen durchzuführen, die in diesem winzigen Salzkorn enthalten ist. Ein anderes Bild: Besäße jedes Atom unseres Salzkorns die Größe eines Stecknadelkopfes, dann würde die Gesamtheit der

Atome, aus denen das Salzkorn besteht, ganz Europa mit einer einheitlichen Schicht von zwanzig Zentimeter Dicke überziehen.

Jean Guitton: Die Zahl der in einem Materieteilchen existierenden Individuen übersteigt unsere gewöhnliche Vorstellungskraft so sehr, daß sie eine Art *Schrecken* hervorruft...

Igor Bogdanov: Indes herrscht zwischen den Elementarteilchen eine ungeheure Leere. Wenn ich das Proton eines Wasserstoffkerns durch einen Stecknadelkopf auf diesem Tisch hier darstelle, dann beschreibt das um ihn kreisende Elektron eine Bahn, die durch Holland, Deutschland und Spanien verläuft. Wenn daher alle Atome, aus denen mein Körper besteht, zusammenrükken sollten, bis sie einander berührten, dann könnten Sie mich nicht mehr sehen. Im übrigen könnte niemand mich je wieder mit bloßem Auge beobachten: Ich wäre so klein wie ein winziges Stäubchen von kaum einigen Tausendstel Millimetern.

Während ihres phantastischen Eintauchens ins Innere Materie ist den Physikern klar geworden, daß ihre Reise nicht an der Grenze des Kerns endete, sondern in Wahrheit zu dem ungeheuren Meer jener Kernteilchen führte, die wir oben als »Hadronen« bezeichneten. Alles geht so vor sich, als sähen wir uns, nachdem wir den Fluß verlassen haben, auf dem wir zu navigieren pflegten, einem grenzenlosen Meer gegenüber, dessen rätselhafte Wogen sich an einem dunklen, fernen Horizont verlieren.(8)

Jean Guitton: Dasselbe gilt auch für das unendlich Große. Wenn wir unsere Augen zu den Sternen heben, was sehen wir dann? Auch hier die Leere. Eine riesige Leere zwischen den Sternen und noch weiter, Millionen oder Milliarden Lichtjahre von uns entfernt, die intergalaktische Leere: eine unvorstellbare Unermeßlichkeit, in der man absolut nichts antrifft, außer vielleicht ein umherirrendes Atom, für immer in der schwarzen, stummen und eisigen Unendlichkeit verloren. Es besteht gleichsam eine Ähnlichkeit zwischen dem unendlich Großen und dem unendlich Kleinen.

Grichka Bogdanov: Mit dem Unterschied, daß die Sterne materielle Objekte sind, die subnuklearen Teilchen dagegen keine kleinen Staubkörner. Es sind vielmehr, wie wir sahen, *Tendenzen zur Existenz* oder »Korrelationen zwischen makroskopischen beobachtbaren Größen«.

Wenn beispielsweise ein einfaches Elektron durch eine photographische Platte dringt, hinterläßt es eine Spur, die einer Reihe kleiner Punkte ähnelt, die eine Linie bilden. Normalerweise würden wir meinen, diese »Piste« rühre von der Spur ein und desselben Elektrons auf der photographischen Platte her, etwa wie ein Tennisball, der von einer Fläche aus gestampfter Erde abprallt. Dem ist jedoch nicht so. Die Quantenmechanik sagt, daß die Beziehung zwischen den Punkten, die ein sich bewegendes »Objekt« darstellen, lediglich das Produkt unseres Geistes ist: In Wirklichkeit existiert das Elektron gar nicht, das angeblich eine *punktierte* Spur hinterlassen hat. In den strengeren Worten der Quantentheorie ausgedrückt: Das Postulat eines Teilchens, das eine unabhängige Existenz hat, ist eine zwar bequeme, aber unbegründete Übereinkunft.

JEAN GUITTON: Aber was hinterläßt dann eine Spur auf der photographischen Platte?

GRICHKA BOGDANOV: Um darauf antworten zu können, müssen wir uns einem neuen Bereich der Physik zuwenden. Heute meinen die Physiker, daß die Elementarteilchen keineswegs Objekte sind, sondern in Wirklichkeit das stets vorläufige Resultat ständiger Wechselwirkungen zwischen immateriellen »Feldern«.

JEAN GUITTON: Vor etwa dreißig Jahren habe ich zum erstenmal von diesem Feldbegriff gehört. Diese neue Theorie scheint mir auf eine *wahre* Annäherung an das Reale hinauszulaufen: Der Stoff aller Dinge, ihr letztes Substrat ist nicht materiell, sondern abstrakt: eine *reine Idee*, deren Umriß sich nur mit Hilfe eines mathematischen Akts indirekt einkreisen läßt.

In dieser Hinsicht merke ich an, daß die leitende Wissenschaft, diejenige, die uns in die Geheimnisse des Kosmos eindringen läßt, weniger die Physik als vielmehr die Mathematik oder die mathematische Physik ist. Das wird am Schicksal zweier berühmter Wissenschaftler deutlich, die beide meinen Lebensweg mehrmals gekreuzt haben: die beiden Brüder Broglie. Der ältere, Herzog Maurice, war vor allem Physiker; aber sein jüngerer Bruder Louis, ein ausgebildeter Mathematiker, hatte an seiner schwarzen Tafel mehr Entdeckungen gemacht als Maurice in seinem Laboratorium. Warum? Wahrscheinlich weil das Universum ein Geheimnis von *abstrakter Eleganz* birgt, ein Geheimnis, bei dem die Materialität wenig zählt.

IGOR BOGDANOV: Ihre Intuition kommt den Lösungen nahe, die die neue Physik vorgeschlagen hat. Aber ist es möglich, mehr über dieses Geheimnis zu sagen, das sich, in Ihren philosophischen Augen, hinter dem Universum verbirgt?

JEAN GUITTON: Wenn ich die *mathematische Ordnung* betrachte, die sich im Innern des Realen offenbart, zwingt mich meine Vernunft dazu zu sagen, daß dieses hinter dem Kosmos verborgene Unbekannte zumindest eine hypermathematische Intelligenz ist, eine kalkulierende und, auch wenn das Wort nicht sehr schön ist, *beziehungstiftende* Intelligenz, so daß sie abstrakter und geistiger Art sein muß. Unter der sichtbaren Gestalt des Realen gibt es also, was die Griechen einen »logos« nannten, ein intelligentes, rationales Element, das den Kosmos reguliert, lenkt, beseelt und bewirkt, daß dieser Kosmos nicht Chaos, sondern Ordnung ist.

GRICHKA BOGDANOV: Ihre Beschreibung dieses strukturierenden Elements läßt sich mit der Art und Weise vergleichen, wie man heute die fundamentalen physikalischen Felder auffaßt.

JEAN GUITTON: Was ist die tiefe Natur dieser physikalischen Felder?

GRICHKA BOGDANOV: Wir werden später darauf zu sprechen kommen. Doch vorher halte ich es für unerläßlich, näher zu erläutern, was der doch ziemlich vage Begriff des Elementarteilchens heute umfaßt.

Zunächst muß man wissen, daß es eigentlich nur vier stabile Teilchen in der atomaren Welt gibt: das Proton, das Elektron, das Photon und das Neutron. Zwar existieren mehrere Hundert andere, aber sie sind unendlich weniger stabil und zerfallen entweder fast sofort nach ihrem Auftauchen oder nach relativ kurzer Zeit.

JEAN GUITTON: Eine Zahl verblüfft mich: Sie sagen, es existieren Hunderte von Teilchen, die sich alle voneinander unterscheiden...

IGOR BOGDANOV: Im Verlauf der Forschungen findet man unaufhörlich neue, immer *grundlegendere* Teilchen. Denn als die Physiker ins Innere des Atomkerns eindrangen, entdeckten sie das unermeßliche Meer jener Kernteilchen, die man inzwischen Hadronen nennt.

GRICHKA BOGDANOV: Ein Punkt ist hervorzuheben: Es gibt nur drei Möglichkeiten bezüglich dessen, was sich *hinter* der Grenze des Kerns befindet. Die erste Hypothese lautet, daß der Weg zum unendlich Kleinen kein Ende haben kann. Seit etwa zwanzig Jahren konnten die Physiker mit Hilfe immer stärkerer Teilchenbeschleuniger eine Unmenge von Teilchen entdecken, die immer grundlegender, kleiner, instabiler, ungreifbarer sind, so daß es eine unendliche Zahl sukzessiver Realitätsebenen zu geben scheint. Angesichts dieser schwindelerregenden Vermehrung, die sich in den letzten Jahren noch beschleunigt hat, kommen einigen Forschern heute Zweifel: Wenn es nun im Grunde gar kein wirklich »elementares« Teilchen gäbe? Bestehen die identifizierbaren Teilchen nicht aus immer noch kleineren Teilchen, im Verlauf eines Verschachtelungsprozesses, der nie ein Ende hätte?

Die zweite Hypothese, die von einer Minderheit von Kernspezialisten entwickelt wurde, beruht auf der Idee, daß es uns eines Tages gelingen wird, auf die fundamentale Ebene der Materie zu treffen, eine Art »Felsengrund« aus unteilbaren Partikeln, hinter dem noch irgend etwas zu finden absolut unmöglich wäre.

Schließlich die dritte Hypothese: Auf dieser letzten Ebene sind die als fundamental identifizierten Teilchen *sowohl* elementar *als auch* zusammengesetzt. In diesem Fall werden diese Teilchen zwar aus Elementen bestehen, aber diese Elemente werden von derselben Beschaffenheit sein wie sie. Um ein Bild zu verwenden: Alles geht so vor sich, als ergäbe ein in zwei Teile geschnittener Obstkuchen zwei neue, ganze Obstkuchen, die mit dem ursprünglichen Kuchen absolut identisch sind. Wie immer man es anstellt, es ist unmöglich, zwei halbe Kuchen zu erhalten.

Dieser dritten Hypothese scheinen sich heute die meisten Kernphysiker anzuschließen: Sie hat es insbesondere erlaubt, die Theorie der Quarks im Modell darzustellen.[1]

JEAN GUITTON: Für welche Hypothese man sich auch entscheidet, das Eindringen ins Innere der Materie hat verwirrende Aspekte. Deshalb muß sich der Philosoph eine einfache Frage stellen: Welches ist heute das elementarste, das fundamentalste Teilchen, das der Physiker aufgezeigt hat?

GRICHKA BOGDANOV: Es sieht so aus, als sei diese letzte Entität, zumindest in der Theorie, mit den »Quarks« erreicht worden, wie die Physiker sie nicht ohne Schalkhaftigkeit getauft haben. Warum? Weil diese Teilchen in Dreiergruppen existieren, wie die berühmten »Quarks«, die Joyce in seinem Roman *Finnegans Wake* erfunden hat. Um sie zu entdecken, wollen wir ins Innere des Kerns tauchen: Dort begegnen wir den heute gut identifizierten Hadronen, die an allen bekannten Wechselwirkungen teilhaben. Diese Teilchen scheinen sich nun aber wiederum in kleinere Entitäten aufzulösen: die Quarks.

Mit den Quarks beginnt der Bereich der reinen Abstraktion, das Reich der mathematischen Wesen. Bisher war es nicht möglich, die physikalische Dimension dieser Quarks festzustellen: So sehr man auch in allen kosmischen Strahlen bei zahllosen Laborexperimenten nach ihnen suchte, sie sind niemals beobachtet worden. Kurz, das Quark-Modell beruht auf einer mathematischen Fiktion, die seltsamerweise den Vorteil hat, daß sie funktioniert.

Igor Bogdanov: Die Theorie dieses hypothetischen Teilchens wurde zum erstenmal 1964 von dem Physiker Murray Gell-Mann vorgeschlagen. Nach dieser Theorie sollen alle heute bekannten Teilchen aus der Kombination einiger grundlegender, voneinander unterschiedener Quarks resultieren. Das Überraschendste ist, daß die meisten Physiker heute die Idee akzeptieren, daß die Quarks für immer ungreifbar sein werden: Sie würden irreversibel »auf der anderen Seite« der beobachtbaren Realität bleiben. Damit erkennt man also implizit an, daß unsere Kenntnis der Realität auf einer *nicht materiellen* Dimension gründet, einer Gesamtheit die Raum-Zeit transzendierender Entitäten ohne Modus und ohne Form, deren »Substanz« lediglich eine Zahlenwolke ist.

Jean Guitton: Eine rein metarealistische Feststellung. Haben diese grundlegenden Entitäten nicht ein Doppelgesicht? Ein abstraktes, das mit dem Bereich der Wesenheiten zusammenhängt. Aber auch ein anderes, konkretes, das mit unserer physikalischen Welt in Kontakt stünde. In dieser Hinsicht wären die Quarks gleichsam »Vermittler« zwischen den beiden Welten.

Grichka Bogdanov: Zur Bekräftigung Ihrer Intuition können wir einen dritten Entwurf vorlegen, der diesen Quarks, sollten sie denn existieren, im Augenblick am besten zu entsprechen scheint. Diese Hypothese beginnt heute in den Kreisen der Physik unter dem etwas mysteriösen Namen »S-Matrix« bekannt zu werden. Worum handelt es sich?

Anders als die klassischen Theorien bemüht diese sich nicht, das Quark *als solches* zu beschreiben, sie erlaubt es vielmehr, seinen Schlagschatten anhand seiner Wechselwirkungen zu erfassen. Aus dieser Sicht existieren die Elementarteilchen nicht als Objekte, als Entitäten, die als solche signifikant sind, sondern sie sind lediglich anhand der Wirkungen wahrnehmbar, die sie erzeugen. Damit lassen sich die Quarks als »Zwischenzustände« in einem Netz von Wechselwirkungen betrachten.

IGOR BOGDANOV: Wo also endet unsere Suche nach den letzten Materialien? Vielleicht bei drei Teilchen, die, für sich allein, das gesamte Universum zu bilden scheinen: das Elektron und neben ihm zwei Quarkfamilien: das *u*-Quark (für *up*) und das *d*-Quark (für *down*), wobei *u* und *d* eine Eigenschaft darstellen, die die Physiker »Geschmack« genannt haben. Allein diese drei Familien scheinen für die phantastische Vielfalt der Kräfte, Phänomene und Formen zu sorgen, denen wir in der Natur begegnen.

JEAN GUITTON: Damit sind wir also am Ende unserer Reise ins unendlich Kleine. Was haben wir im Innern der Materie gefunden? Fast *nichts*. Wieder einmal löst sich die Materie auf, zerrinnt im Verschwindenden, Ungreifbaren: Die »Substanz« des Realen ist lediglich eine Wahrscheinlichkeitswolke, mathematischer Rauch. Die wahre Frage ist, *woraus* dieses Ungreifbare besteht: Was befindet sich hinter diesem »Nichts«, auf dessen Oberfläche das Sein ruht?

Wir sind am Rand der materiellen Welt angelangt. Uns gegenüber befinden sich jene winzigen und seltsamen Entitäten, die wir auf unserem Weg unter dem Namen »Quarks« angetroffen haben. Es sind die letzten Zeugen der Existenz von »etwas«, was noch mit einem »Teilchen« Ähnlichkeit hat. Was aber ist dahinter?

Die Beobachtung zeigt uns, daß das Verhalten der Quarks strukturiert, geordnet ist. Aber wodurch? Was ist dieser unsichtbare Stempel, der sich hinter der beobachtbaren Materie zeigt?

Um diese Frage beantworten zu können, werden wir alle unsere Bezugssysteme, alle Anhaltspunkte aufgeben müssen, auf die unsere Sinne und unsere Vernunft sich stützten. Außerdem werden wir auf den trügerischen Glauben an etwas »Festes« verzichten müssen, aus dem der Stoff des Universums bestünde.

Worauf wir unterwegs stoßen werden, ist weder eine Energie noch eine Kraft, sondern etwas Immaterielles, das die Physiker als »Feld« bezeichnen.

In der klassischen Physik wird die Materie durch Teilchen dargestellt, während die Kräfte durch Felder beschrieben werden. Die Quantentheorie dagegen sieht im Realen lediglich Wechselwirkungen, die von vermittelnden Entitäten, »Bosonen« genannt, transportiert werden. Genauer gesagt, diese Bosonen transportieren Kräfte und sorgen für die Beziehungen zwischen den Materieteilchen, die die Physik »Fermionen« nennt, wobei die letzteren »Materiefelder« bilden.

Wir müssen also festhalten, daß die Quantentheorie den Unterschied zwischen Feld und Teilchen aufhebt und damit auch den Unterschied zwischen dem, was materiell ist, und dem, was nicht materiell ist, anders gesagt, zwischen der Materie und ihrem Jenseits.

Man kann ein Feld nur im Rahmen von Strukturveränderungen der Raum-Zeit in einer gegebenen Region beschreiben; das, was man Realität nennt, ist folglich nichts anderes als eine Aufeinanderfolge von Diskontinuitäten, Fluktuationen, Kontrasten und Unebenheiten des Terrains, die in ihrer Gesamtheit ein Informationsnetz bilden.

Die Frage jedoch ist die nach dem Ursprung einer solchen Information ...

Die Felder des Realen

Igor Bogdanov: Nun befinden wir uns endlich an der letzten Grenze: derjenigen, die auf geheimnisvolle Weise umschließt, was wir die physikalische Realität nennen. Was aber ist dahinter? Zweifellos nichts mehr. Oder besser gesagt: nichts *Greifbares*.

Jean Guitton: Und hier beginnt das Gebiet des Geistes. Der physikalische Träger ist nicht mehr *notwendig*, um diese Intelligenz zu tragen, diese tiefe Ordnung, die wir um uns herum feststellten. Dieses »fast nichts«, wie der Philosoph Jankélévitch sagte, ist nun aber genau *das*, die Substanz des Realen. Doch worum handelt es sich?

Grichka Bogdanov: Dringen wir noch einmal in das unendlich Kleine ein, ins Innere dieser berühmten Materie. Nehmen wir an, wir könnten in den Atomkern schlüpfen: Woraus besteht das »Panorama«, das wir dann wahrnehmen? Die Kernphysik sagt uns, daß wir auf dieser Ebene sogenannten »elementaren« Teilchen begegnen müssen, sofern es nichts »Kleineres« gibt als sie: den Quarks, den Leptonen und den Gluonen. Aber noch einmal: Aus welchem *Stoff* bestehen solche Teilchen? Was ist die »Substanz« eines Photons oder eines Elektrons?

Bis zur Mitte des Jahrhunderts wußte man auf diese Frage keine Antwort. Noch vor kurzem konnten wir uns von der Stärke jener beiden Denkapparate, der Relativitätstheorie und der Quantenmechanik, überzeugen. Doch eine vollständige Beschreibung der Materie implizierte eine Verschmelzung dieser beiden Theorien zu einem neuen Ganzen. Eben dies begriff eine neue Generation von Physikern Ende der vierziger Jahre. So entstand nach jahrelangen Versuchen und Anstrengungen die »relativistische Quantenfeldtheorie«.

JEAN GUITTON: Was uns, wie mir scheint, der spiritualistischen Auffassung der Materie annähert...

IGOR BOGDANOV: Durchaus. In dieser Perspektive existiert ein Teilchen nicht *durch sich selbst*, sondern einzig mittels der *Wirkungen*, die es hervorbringt. Dieses Ensemble von Wirkungen nennt man ein »Feld«. So sind die Gegenstände, die uns umgeben, nichts anderes als Ensembles von Feldern (elektromagnetisches Feld, Gravitationsfeld, Protonenfeld, Elektronenfeld); die wesentliche, grundlegende Realität ist ein Ensemble von Feldern, die ständig miteinander in Wechselwirkung stehen.

JEAN GUITTON: Was aber ist in diesem Fall die *Substanz* dieses neuen physikalischen Objekts?

IGOR BOGDANOV: Im strengen Sinn hat ein Feld *keine Substanz* außer einer schwingenden; es handelt sich um ein Ensemble potentieller Schwingungen, mit denen

»Quanten« verbunden sind, das heißt verschiedenartige Elementarteilchen. Diese Teilchen – die die »materiellen« Manifestationen des Feldes sind – können sich im Raum bewegen und miteinander in Wechselwirkung treten. In einem solchen Rahmen ist die zugrundeliegende Realität das Ensemble der möglichen Felder, die die beobachtbaren Phänomene charakterisieren, wobei sich diese nur mittels Elementarteilchen beobachten lassen.

JEAN GUITTON: Was die relativistische Quantenfeldtheorie beschreibt, sind also nicht die Teilchen als solche, als Objekte, sondern ihre unaufhörlichen, unzähligen Wechselwirkungen miteinander.

IGOR BOGDANOV: Das bedeutet, daß der »Grund« der Materie unauffindbar ist, zumindest in Form eines *Dings*, einer letzten Realitätsparzelle. Wir können allerhöchstens die Wirkungen wahrnehmen, die das Zusammentreffen dieser fundamentalen Wesen erzeugt, anhand flüchtiger, geisterhafter Ereignisse, die wir »Wechselwirkungen« nennen.

JEAN GUITTON: Wir haben soeben einen wichtigen Schritt auf dem Weg getan, der uns über die Wissenschaft zu Gott führt. In der Tat verstehen wir aufgrund der quantentheoretischen Kenntnis, die wir von der Materie haben, daß es auf der fundamentalen Ebene *nichts Stabiles* gibt: Alles ist in ständiger Bewegung, alles ändert und verwandelt sich unaufhörlich im Verlauf jenes chaotischen, nicht beschreibbaren Balletts, das die Elementarteilchen herumwirbelt. Was wir für unbewegt halten, läßt in Wirklichkeit ein ständiges Hin und Her erkennen: Zickzacklinien, ungeordnete Windungen, Auflösungen oder im Gegenteil Ausdehnungen. Letztlich sind die Gegenstände, die uns umgeben, nur Leere, atomare Raserei und Vielfältigkeit. Diese einfache Blume in meiner Hand ist etwas erschreckend Komplexes: der Tanz von Milliarden und Abermilliarden Atomen (deren Zahl alle nur irgend möglichen Wesen übersteigt, die wir auf unserem Planeten zählen können, die Sandkörner sämtlicher Strände), Atome, die um instabile Gleichgewichtszustände schwingen, oszillieren. Wenn ich diese Blume betrachte, denke ich: Es gibt in unserem Universum das Analogon dessen, was die alten Philosophen »Formen« nannten, das heißt Arten des Gleichgewichts, die erklären, daß die Gegenstände genau *das* sind, weil sie *das* sind, und nicht anders. Keines der Elemente, die ein Atom bilden, nichts von dem, was wir über die Elementarteilchen wissen, kann nun aber erklären, *warum* und *wie* solche Gleichgewichtszustände existieren. Sie beruhen auf einer Ursache, die mir strenggenommen nicht zu unserem physikalischen Universum zu gehören scheint. Was Sie »Feld« nennen, ist lediglich ein zu einem weit tieferen Hintergrund, vielleicht dem Göttlichen geöffnetes Fenster.

Im Grunde ist nichts von dem, was wir wahrnehmen können, wirklich »real«, in dem Sinn, den wir diesem Wort gewöhnlich geben. In gewisser Weise erliegen wir einer Täuschung, die um uns herum einen Schwarm von Erscheinungen, Irrtümern entfaltet, die wir mit der Realität identifizieren. Alles, was wir über den Raum und über die Zeit glauben, alles, was wir uns über die Örtlichkeit der Objekte und die Ursächlichkeit der Ereignisse vorstellen, was wir über die *Trennbarkeit* der im Universum existierenden Dinge denken können, das alles ist lediglich eine ungeheure, ständige Halluzination, die die Realität mit einem undurchdringlichen Schleier verhüllt. Hinter diesem Schleier existiert eine seltsame, *tiefe* Realität; eine Realität, die nicht aus Materie bestünde, sondern aus Geist; ein gewaltiger *Gedanke*, den die neue Physik nach einem halben Jahrhundert des Tastens zu begreifen beginnt und der die Träumer, die wir sind, auffordert, die Nacht unserer Träume mit einem anbrechenden Licht zu erleuchten.

IGOR BOGDANOV: Wir sind hier im Begriff, die grundlegende Ebene des Realen zu erreichen, seine letzte Substanz zu erfassen, den Stoff, aus dem es besteht. Aber *was ist* dieser Stoff?

Die beobachtbare Realität ist nichts anderes als ein Ensemble von Feldern. Und in diesem Stadium gewinnen Ihre Überlegungen hinsichtlich einer transzendenten Ordnung eine seltsame Weite. Tatsächlich beginnen die Physiker wahrzunehmen, daß das, was ein Feld kennzeichnet, die Symmetrie ist oder, genauer, die *globale Invarianz der Symmetrie*.

JEAN GUITTON: Was verstehen Sie darunter?

GRICHKA BOGDANOV: Diese »zugrundeliegende Ordnung«, auf der die Natur beruht und aus der alles hervorgeht, was wir sehen, ist in Wahrheit die Manifestation von etwas sehr Verwirrendem und bisher absolut Unerklärbarem: der Ursymmetrie.

Nehmen wir an, wir lassen eine Scheibe sich um ihre Rotationsachse drehen. Gleichgültig wie hoch die Zahl oder die Geschwindigkeit der Drehungen ist, die Symmetrie der Scheibe um Ihre Achse bleibt unverändert. Strenger ausgedrückt: Die Scheibe unterliegt einer »Eichinvarianz«. Jede Symmetrie erfordert, wie es Ende der sechziger Jahre einige besonders kühne Physiker aufgezeigt haben, die Existenz eines »Eichfelds«, das die globale Invarianz der Scheibe erhält, trotz den lokalen Transformationen, denen sie Punkt für Punkt unterliegt, solange sie sich dreht.

JEAN GUITTON: Was Sie das Eichfeld nennen, wäre also das, was die Scheibe daran hindert, sich zu verformen und damit ihre ursprüngliche Symmetrie zu verlieren ...

GRICHKA BOGDANOV: So etwa könnte man in unserem Maßstab sagen. Vergessen wir jedoch nicht, daß wir im Augenblick von Phänomenen sprechen, die sich innerhalb jener außerordentlich seltsamen Welt des unendlich Kleinen ereignen.

JEAN GUITTON: Bevor wir fortfahren, möchte ich gern zum Ausdruck bringen, was ich empfinde: einen Eindruck intellektuellen Glücks angesichts dieses für mich neuen Begriffs der *Symmetrie*. Schon immer weiß ich, vielmehr *fühle* ich, daß unser Universum auf einer ihm zugrundeliegenden Ordnung, einem strukturellen Gleichgewicht beruht, das etwas Bewundernswertes, Schönes an sich hat, wie es beim symmetrischen Charakter eines Gegenstandes der Fall sein kann. Und daher erwarte ich von der modernen Physik, daß sie mir sagt, inwiefern die Natur in ihrem Innersten »symmetrisch« ist.

IGOR BOGDANOV: Kehren wir zu den Anfängen des Universums zurück. In Anklang an die biblische Formulierung könnten wir sagen, daß in jener fernen Epoche, vor fünfzehn bis zwanzig Milliarden Jahren, Symmetrie herrschte. Erinnern wir uns an den Urknall: Zur Planckschen Zeit herrschte *absolute Symmetrie*. Sie manifestiert sich im entstehenden Universum in der Existenz von Elementarteilchen, die sich in Vierergruppen entwickeln und Gluonen genannt werden. Diese Gluonen sind nun aber masselos und alle absolut gleich, anders gesagt *symmetrisch*.

Aus diesem Grunde kann man folgende Hypothese aufstellen. Diese ursprüngliche Symmetrie ist durch eine plötzliche Störung des Gleichgewichts zwischen den Massen der Gluonen zerbrochen: Während nur ein Gluon ohne Masse bleibt (und damit zum Träger der elektromagnetischen Kraft wird), gewinnen die drei anderen Gluonen dagegen eine extrem hohe Masse, die hundertmal höher ist als die des Protons. Damit ist die sogenannte schwache Wechselwirkung entstanden, die wir oben bereits erwähnten.[2]

JEAN GUITTON: Wenn die Symmetrie, das heißt das vollkommene Gleichgewicht zwischen den ursprünglichen Entitäten, das anfängliche Universum kennzeichnete, warum ist diese Symmetrie »spontan« zerbrochen? Was ist passiert?

GRICHKA BOGDANOV: Niemand weiß es, zumindest noch nicht. Eine Erklärung, die der Physiker Peter Higgs vorgeschlagen hat, lautet, daß es »Geisterteilchen« gibt, die zwar noch nicht aufzuspüren sind, aber deren Rolle darin besteht, das zwischen den ursprünglichen Quanten herrschende Gleichgewicht zu stören.

JEAN GUITTON: Etwa wie eine Kugel, die in ein Spiel geordneter Kegel rollt...

GRICHKA BOGDANOV: Genau. Und eine der Herausforderungen der künftigen Physik wird darin bestehen, diese Geisterteilchen nachzuweisen – dank genügend großer Teilchenbeschleuniger.

JEAN GUITTON: Jedenfalls möchte ich das Wesentliche hervorheben: Das Universum als Maschine, das körnige, aus unbelebter Materie bestehende Universum existiert nicht. Dem Realen liegen Felder zugrunde, unter denen wir als erstes einem Urfeld begegnen, das durch einen Zustand der Supersymmetrie gekennzeichnet ist, einen Zustand absoluter Ordnung und Vollkommenheit.

Würde ich Sie in Erstaunen setzen, wenn ich den Schluß ziehe, daß dieser Zustand der Vollkommenheit, den die Wissenschaft am Ursprung des Universums postuliert, in meinen Augen Gott anzugehören scheint?

Igor Bogdanov: Ihre Schlußfolgerung verlangt, daß man sich genauer in Erinnerung ruft, was dem mechanistischen Determinismus sowie jeder materialistischen Annäherung an das Reale ein Ende setzt.

Wir wissen heute, daß die Elementarteilchen keinerlei Existenz *im strengen Sinne* haben, daß sie lediglich die provisorischen Manifestationen immaterieller Felder sind. Das zwingt uns, die Frage zu beantworten: Sind die Felder die *letzte* Realität? Sind sie seltsame, in die Geometrie getauchte Entitäten? Oder aber sind sie, im Gegenteil, nichts anderes als die Geometrie selbst?

Aus dem Vorstehenden folgt nämlich, daß auch Raum und Zeit Projektionen sind, die mit den fundamentalen Feldern zusammenhängen, und daß sie keinerlei unabhängige Existenz haben. Anders gesagt, das Bild eines *leeren* Raums, der der materiellen Welt als Schauplatz dient, hat ebensowenig Sinn wie der einer absoluten Zeit, in der im Verlauf eines unwandelbaren Ineinandergreifens von Ursachen und Wirkungen Phänomene entstehen und sich entwickeln.

Jean Guitton: Fassen wir zusammen. Die Felder sind die wahren Träger dessen, was ich den *Geist der Realität* nannte; doch unsere bisherigen Überlegungen lassen die Frage offen: Woraus bestehen diese Felder?

Grichka Bogdanov: Zunächst einmal existiert die Leere nicht, wie wir sahen. Es gibt keine Region der Raum-Zeit, in der man »nichts« fände; überall stoßen wir auf mehr oder weniger fundamentale Quantenfelder. Mehr noch: Diese Leere ist der Schauplatz ständiger Ereignisse, unaufhörlicher Fluktuationen, heftiger »Quantengewitter«, bei denen neue subnukleare Entitäten entstehen, die fast sofort wieder zerstört werden.

Igor Bogdanov: Hervorzuheben ist, daß diese von den Quantenfeldern erzeugten virtuellen Teilchen mehr als nur Abstraktionen sind; so geisterhaft sie sein mögen, ihre Wirkungen existieren in der gewöhnlichen physikalischen Welt und lassen sich folglich messen.

Jean Guitton: Wenn die Quantenwesen von fundamentalen Feldern erzeugt werden, anders gesagt, wenn sie der Leere entstammen, was ist dann die grundlegende Realität, wenn nicht »etwas«, dessen Stoff nichts anderes ist als die reine Information?

Grichka Bogdanov: Für immer mehr Physiker ist das Universum in der Tat nichts anderes als eine Art Informationstabelle, eine ungeheure Informationsmatrix. Die Realität müßte uns daher als ein Netz unendlicher Schaltungen, als unbegrenzter Vorrat möglicher Pläne und Modelle erscheinen, die sich kreuzen und sich verknüpfen nach Gesetzen, die uns unzugänglich sind und die wir vielleicht niemals verstehen werden.

Jean Guitton: Vermutlich meint der Physiker David Bohm genau das, wenn er behauptet, es existiere, in den Tiefen des Realen verborgen, eine *implizite Ordnung*. In diesem Sinne müßten wir einräumen, daß das gesamte Universum mit Intelligenz und Intention gleichsam angefüllt ist: angefangen von dem winzigsten Elementarteilchen bis hin zu den Galaxien. Und das Außerordentliche ist, daß es sich in beiden Fällen um *dieselbe* Ordnung, *dieselbe* Intelligenz handelt.

Igor Bogdanov: Ich glaube, es ist sinnvoll zu verdeutlichen, was die Physiker meinen, wenn sie sagen, das Universum sei nichts anderes als ein ungeheures Informationsnetz. Einer der Forscher, der diese Hypothese mit großer Begeisterung formalisiert hat, ist ein Theoretiker namens Edward Fredkin. Für ihn funktioniert das Universum unter der Oberfläche der Phänomene so, als bestünde es aus einem dreidimensionalen Geflecht von Schaltelementen, ähnlich den logischen Einheiten eines Riesenrechners. Deshalb sind in diesem Universum die subnuklearen Teilchen und die Objekte, die sie durch ihre Verknüpfungen erzeugen, nichts anderes als »Informationsschemata« in ständiger Bewegung.

Jean Guitton: Wenn Fredkin recht hat und wenn der Nachweis der Gesetze, die es der universellen Information gestatten, das Reale zu ordnen, möglich sein sollte, dann werden wir verstehen, *warum* die Gesetze der Physik funktionieren. Die nächste Etappe wird die der »semantischen« Physik sein, der Physik der Bedeutungen. Diese wissenschaftliche Revolution scheint mir die dritte Ära der Physik einzuleiten.

Die erste war die Ära von Galilei, Kepler und Newton, während derer der Katalog der Bewegungen erstellt wurde, ohne daß man erklärt hätte, was Bewegung ist; die zweite Ära ist die der Quantenphysik, die den Katalog der Gesetze der Veränderungen erstellt, ohne das Gesetz zu erklären; die dritte schließlich, die zukünftige Ära, ist die Entschlüsselung des physikalischen Gesetzes selbst.

Grichka Bogdanov: Freilich müssen wir einräumen, daß die Abwertung der Begriffe *Materie* und *Energie* zugunsten des »Nichts« der Information sich nicht ohne Mühe vollziehen wird: Wie kann man das physikalische Material, das unsere Existenz begründet, aufgeben und durch eine »Bedeutungs-Software« ersetzen? Und wie lassen sich die von der Wissenschaft mühsam erworbenen Kenntnisse in diese neuen Grundlagen konvertieren? Wie und wo sind die Geheimnisse dieses Bedeutungsuniversums zu ergründen? Die fundamentalen Prozesse, die das Universum auf der Ebene des »Informationsnetzes« lenken, spielen sich, wir wiederholen es, jenseits der Quanten ab; wenn unsere Technologie es erlauben wird, in noch winzigere Existenzebenen einzudringen, werden wir vielleicht beginnen, dem Nebelreich der kosmischen Informationen beizukommen.

Im Grunde geht alles so vor sich, als entdeckte der Geist bei seinen Versuchen, die Geheimnisse des Realen zu lüften, daß diese Geheimnisse etwas mit ihm selbst zu tun haben. Das Bewußtseinsfeld könnte zum selben Kontinuum gehören wie das Quantenfeld. Vergessen wir nicht das wesentliche Prinzip der Quantentheorie: Die Tatsache des Beobachtens selbst, anders gesagt, das Bewußtsein greift in die Definition und, tiefer noch, in die Existenz des beobachteten Objekts ein: Beobachter und Beobachtetes bilden ein und dasselbe System.

Diese Interpretation des Realen, unmittelbar aus den Arbeiten der Kopenhagener Schule hervorgegangen, beseitigt jeden grundlegenden Unterschied zwischen Materie, Bewußtsein und Geist: es bleibt lediglich eine geheimnisvolle Wechselwirkung zwischen diesen drei Elementen ein und derselben Totalität. Erinnern wir uns an eines der faszinierendsten Experimente der Quantenphysik: das des Youngschen Spalts. Nach der Schrödinger-Gleichung treffen Lichtpartikel, wenn sie den Spalt eines Schirms passieren und die dahinterstehende Wand erreichen, zu 10 Prozent in einer Zone A auf, während die übrigen 90 Prozent in einer Zone B auftreffen. Das Verhalten der einzelnen Teilchen ist jedoch nicht vorher-

sehbar: Nur das Modell der Verteilung einer großen Zahl von Teilchen gehorcht vorhersehbaren statistischen Gesetzen. Schicken wir die Teilchen einzeln durch den Spalt, dann scheinen, nachdem 10 Prozent von ihnen in der Zone A aufgetroffen sind, die folgenden Teilchen zu »wissen«, daß die Wahrscheinlichkeit erfüllt ist und sie dieser Zone ausweichen müssen.(1)

Warum? Welche Art Wechselwirkung besteht denn zwischen jedem Teilchen? Tauschen sie so etwas wie ein Signal aus? Schöpfen sie direkt aus dem Netz des Quantenfeldes die Information, die geeignet ist, ihr Verhalten zu lenken?

Eben das wollen wir nun herauszufinden versuchen, indem wir das berühmte Experiment von Young Phase für Phase analysieren ...

Der Geist in der Materie

IGOR BOGDANOV: Um im Innern der Materie aufzufinden, was wir »Geist« nennen, wollen wir nun in die Quanten-Seltsamkeit eindringen und uns einem verwirrenden Experiment zuwenden, das schon seit vielen Jahren auf ein Geheimnis hinausläuft. Dieses Experiment, das wir schon einmal kurz erwähnt haben, ist als »Doppelspalt-Experiment« bekannt: es bildet das grundlegende Element der Quantentheorie.

JEAN GUITTON: Aus welchem Grund?

GRICHKA BOGDANOV: Weil dies, wie der amerikanische Physiker Richard Feynman einmal sagte, »ein Phänomen ist, das auf klassische Art zu erklären *absolut* unmöglich ist und das in sich den Kern der Quantenmechanik birgt. In Wirklichkeit enthält es das *einzige* Geheimnis ...«

IGOR BOGDANOV: Wenn wir versuchen wollen, dieses Geheimnis nicht zu lösen, sondern uns einfach eine Vorstellung – und sei sie noch so vage – dessen zu machen, was es beinhaltet, werden wir, ein weiteres Mal, unsere letzten Bezugnahmen auf die Alltagswelt über Bord werfen.

JEAN GUITTON: Niels Bohr hatte eine ganz besondere Art, diese Seltsamkeit, auf die Sie anspielen, zu beschreiben. Wenn jemand ihm eine neue Idee vortrug, die geeignet schien, eines der Rätsel der Quantentheorie zu lösen, antwortete er ihm gern: »Ihre Theorie ist verrückt, aber nicht verrückt genug, um wahr zu sein.«

GRICHKA BOGDANOV: In diesem Sinne besteht der Erfolg der Quantentheorie darin, daß sie sich am Rande und meist *gegen* die gewöhnliche Vernunft entwickelt hat. Aus diesem Grunde ist etwas »Verrücktes« an dieser Theorie, etwas, was die Wissenschaft übersteigt. Ohne daß wir es noch genau wüßten, steht dabei unsere Vorstellung von der Welt auf dem Spiel, die irreversibel umzukippen beginnt.

JEAN GUITTON: Können wir auf ein Beispiel für ein solches Umkippen zurückkommen?

GRICHKA BOGDANOV: Nehmen wir eine Blume. Wenn ich beschließe, sie aus meinem Blickfeld zu entfernen, in ein anderes Zimmer zu stellen, existiert sie dennoch weiter. Das jedenfalls läßt mich die tägliche Erfahrung vermuten. Die Quantentheorie sagt uns jedoch etwas ganz anderes: Sie behauptet, daß, wenn wir diese Blume genau genug, das heißt auf der Ebene der Atome beobachten, ihre tiefe Realität und ihre Existenz eng mit der Art und Weise verbunden ist, mit der wir sie beobachten.

Jean Guitton: Ich bin bereit zuzugeben, daß die atomare Welt keine bestimmte Existenz hat, solange wir kein Meßinstrument auf sie richten. Was zählt, ist das Spiel von Bewußtsein zu Bewußtsein. Um einen mathematischen Ausdruck aufzugreifen: Die Rolle des »Existenzquantors«, des »Seinszeichens«, das nunmehr im Innern dieser Realität dem Geist und nur ihm zufällt, nennen wir zu unrecht weiterhin *materiell.*

Igor Bogdanov: Dieses Spiel von Bewußtsein zu Bewußtsein wollen wir jetzt zu veranschaulichen suchen, indem wir im Detail auf jenes berühmte Experiment des englischen Physikers Thomas Young zurückkommen, der es im Jahre 1801 zum erstenmal durchführte.

Rufen wir uns noch einmal die Versuchsanordnung in Erinnerung: eine plane Fläche mit zwei schmalen Spalten, eine Lichtquelle vor ihr und ein Schirm hinter ihr.

Was geschieht nun, wenn die »Lichtkörner«, das heißt die Photonen, die beiden Spalte passieren und auf dem dahinterstehenden Schirm auftreffen?

Seit 1801 lautet die klassische Antwort: Man beobachtet auf dem Schirm eine Reihe vertikaler, abwechselnd heller und dunkler Streifen, deren allgemeines Muster sofort an das Phänomen der Interferenzen erinnert.

Jean Guitton: In diesem Fall müßte man daraus schließen, was Young übrigens auch tat, daß das Licht einer Flüssigkeit vergleichbar ist, die sich wellenförmig fortpflanzt, wobei diese Wellen von derselben Art sind wie die Wellen im Wasser.

Nun haben wir aber bereits hervorgehoben, daß Einstein zu einem anderen Schluß kam. Für ihn besteht das Licht aus kleinen Körnern, den Photonen. Wie können Myriaden wirbelnder, voneinander getrennter Körper die kohärenten und präzisen Muster abwechselnd dunkler und heller Streifen bilden?

GRICHKA BOGDANOV: Genau das ist das Geheimnis. Um seine ganze Tragweite zu erfassen, schlage ich vor, das Experiment schrittweise nachzuvollziehen.

Nehmen wir zunächst an, daß ich einen der beiden Spalte abdecke, beispielsweise den linken. In diesem Fall müssen die Photonen den einzig verbleibenden rechten Spalt passieren. Verringern wir die Intensität der Lichtquelle nun so, daß sie die Photonen *eins nach dem andern* aussendet.

»Schießen« wir nun ein Photon ab. Einen Moment später passiert dieses den einzig offenen Spalt und trifft dann auf den Schirm auf. Da wir seinen Ursprung, seine Geschwindigkeit und seine Richtung kennen, müßten wir mit Hilfe der Newtonschen Gesetze *genau* vorhersagen können, an welchem Punkt unser Photon auf dem Schirm auftreffen wird.

Führen wir nun ein neues Element in unser Experiment ein. Wir öffnen den linken Spalt. Dann verfolgen wir die Bahn eines neuen Photons in Richtung auf denselben Spalt, den rechten. Erinnern wir daran, daß unser zweites Photon von derselben Stelle aus startet wie das erste, sich mit derselben Geschwindigkeit und in derselben Richtung fortbewegt.

JEAN GUITTON: Wenn ich richtig verstanden habe, besteht der einzige Unterschied bei diesem zweiten »Photonenschuß« darin, daß nun, anders als im ersten Fall, der linke Spalt offen ist...

GRICHKA BOGDANOV: Genau. Logischerweise müßte das zweite Photon genau an derselben Stelle des Schirms auftreffen wie das erste Photon.

Das geschieht jedoch nicht.

Das zweite Photon trifft nämlich an einer ganz anderen Stelle auf, die von dem vorherigen Aufschlagspunkt völlig verschieden ist. Anders gesagt, alles geht so vor sich, als wäre das Verhalten des zweiten Photons durch die Öffnung des linken Spalts *verändert* worden. Das Geheimnis ist also folgendes: Wie hat das Photon »entdeckt«, daß der linke Spalt offen war? Bevor wir eine Antwort zu geben versuchen, wollen wir noch weitergehen. Fahren wir fort, Photonen nacheinander auf die Platte zu schicken, ohne den einen oder anderen Spalt »anzuvisieren«. Was stellen wir nach einiger Zeit fest? Wider jedes Erwarten bildet die Häufung der Aufschläge der Photonen auf dem Schirm *allmählich* genau das Interferenzmuster, das sich beim Eingangsexperiment *sofort* herstellte.

Auch hier erhebt sich eine noch zu beantwortende Frage: Woher »weiß« das einzelne Photon, auf *welchen* Teil des Schirms es auftreffen muß, um zusammen mit seinen Nachbarn ein geometrisches Bild zu formen, das eine Reihe vollkommen geordneter vertikaler Streifen darstellt? Genau diese Frage hat 1977 der amerikanische

Physiker Henry Stapp gestellt, den diese Ergebnisse aufgewühlt haben: »Woher weiß das Teilchen, daß es zwei Spalte gibt? Wie wird die Information darüber, was überall anderswo geschieht, gebündelt, um zu bestimmen, was sich wahrscheinlich hier ereignet?«

JEAN GUITTON: Fast hat man den Eindruck, daß die Photonen eine Art rudimentäres *Bewußtsein* haben, was mich unweigerlich an Teilhard de Chardins Standpunkt erinnert, für den das ganze Universum, bis hin zu dem winzigsten Teilchen, in gewissem Maße Träger von Bewußtsein ist...

IGOR BOGDANOV: Beim heutigen Stand der Wissenschaft teilt die Mehrheit der Wissenschaftler diese Ansicht nicht. Einige jedoch wagen den Sprung und stellen sich vor, daß die Elementarteilchen eine mehr oder weniger mit dem freien Willen vergleichbare Eigenschaft besitzen. So zum Beispiel der amerikanische Physiker Evan Walker, der 1970 folgende überraschende These aufstellte: »Bewußtsein läßt sich allen Quantenphänomenen zuordnen...; da jedes Ereignis *in letzter Instanz* das Ergebnis eines oder mehrerer Quantenereignisse ist, ist das Universum von einer fast unbegrenzten Zahl bewußter, (im mathematischen Sinn) diskreter, im allgemeinen nicht denkender Entitäten *bewohnt*, die für das Funktionieren des Universums verantwortlich sind.«[(1)]

GRICHKA BOGDANOV: Ohne so weit zu gehen, von Bewußtsein zu sprechen, ist es immerhin verwirrend, festzustellen, in welchem Maße die beobachtete Realität mit dem Standpunkt zusammenhängt, den der Beobachter einnimmt. Führen wir ein weiteres Beispiel an. Nehmen wir an, es gelänge mir herauszufinden, welchen Spalt jedes der am Experiment beteiligten Photonen passiert.

In diesem Fall stelle ich, so überraschend es klingen mag, nicht fest, daß sich auf dem Schirm ein Interferenzmuster bildet! Anders gesagt, wenn ich experimentell zu verifizieren beschließe, ob das Photon wirklich ein Teilchen ist, das einen bestimmten Spalt passiert, dann verhält sich unser Photon ganz genau wie ein eine Öffnung passierendes Teilchen.

Wenn ich mich hingegen bemühe, die Bahn jedes einzelnen Photons während des Experiments zu verfolgen, dann bildet die Verteilung der Teilchen auf dem Schirm schließlich ein Welleninterferenzmuster.

JEAN GUITTON: Kurz, man hat hier den Eindruck, daß die Photonen »wissen«, daß man sie beobachtet und, noch genauer, auf *welche Weise* sie beobachtet werden.

IGOR BOGDANOV: So etwa könnte man sagen. Obwohl es illusorisch ist zu meinen, der Begriff des Bewußtseins ließe sich auf die Entitäten übertragen, die das Quantenuniversum bevölkern.

Dagegen bestätigt dieses erstaunliche Experiment, daß es keinen Sinn hat, von der objektiven Existenz eines Elementarteilchens an einem bestimmten Punkt im Raum zu sprechen. Noch einmal: Ein Teilchen existiert nur dann in Form eines punktuellen Objekts im Raum und in der Zeit, wenn es direkt beobachtet wird.

GRICHKA BOGDANOV: Im Grunde besteht die einzige Art und Weise, die Ergebnisse eines solchen Experiments zu verstehen, darin, die Vorstellung aufzugeben, daß das Photon ein bestimmtes Objekt ist. In Wirklichkeit existiert es nur in Form einer Wahrscheinlichkeitswelle, die gleichzeitig beide Spalte passiert und auf dem Schirm mit sich selbst interferiert.

JEAN GUITTON: Daraus schließe ich, daß es kein besseres Beispiel für die wechselseitige Durchdringung von Materie und Geist gibt: Wenn wir versuchen, diese Wahrscheinlichkeitswelle zu beobachten, verwandelt sie sich in ein präzises Teilchen; wenn wir sie dagegen nicht beobachten, hält sie sich alle ihre Optionen offen. Das führt zu dem Gedanken, daß das Photon ein Wissen um die Versuchsanordnung zu erkennen gibt, einschließlich dessen, was der Beobachter tut und denkt. In gewissem Sinn hängen die Teile also mit dem Ganzen zusammen ...

IGOR BOGDANOV: Kurz gesagt, die Welt entscheidet sich *im allerletzten Augenblick* der Beobachtung. Vorher ist strenggenommen nichts real. Sobald das Photon die Lichtquelle verlassen hat, hört es auf, als solches zu existieren und wird eine Wahrscheinlichkeitswelle.

Das ursprüngliche Photon wird dann durch eine Reihe von »Geisterphotonen« ersetzt, durch eine Unmenge von Doubles, die verschiedene Wege zum Schirm nehmen.

JEAN GUITTON: Und es genügt, daß wir diesen Schirm beobachten, damit alle Geister, mit Ausnahme eines einzigen, verschwinden. Das verbleibende Photon wird dann real.

GRICHKA BOGDANOV: Hier stellt sich die Frage, was aus einem Quantenobjekt wird, wenn wir aufhören, es zu beobachten: Löst es sich von neuem in eine Unmenge von Geisterteilchen auf und hört ganz einfach auf zu existieren?

IGOR BOGDANOV: Dieser Begriff der Geisterteilchen hat aus philosophischer Sicht eine interessante Konsequenz, die auch Niels Bohr nicht entgangen ist. Schon 1927 meinte der große Theoretiker, daß die Idee einer einzigen Welt falsch sein könne. Kehren wir zu dem Doppelspalt-Experiment zurück: Bohr zufolge hindert uns nichts daran zu denken, daß die beiden Fälle (dargestellt von den beiden möglichen Wegen des Photons, das entweder den Spalt A oder den Spalt B passiert) in Wirklichkeit zwei völlig verschiedenen Welten entsprechen.

JEAN GUITTON: Was meinen Sie damit?

IGOR BOGDANOV: Daß das Teilchen in dieser möglichen Welt die Öffnung A passiert, während es eine zweite Welt gibt, in der es die Öffnung B passiert.

GRICHKA BOGDANOV: Um den Gedanken zu Ende zu denken, müssen wir hinzufügen, daß unsere reale Welt von einer Überlagerung jener beiden alternativen Realitäten herrührt, die den beiden möglichen Wegen des Photons entsprechen. Sobald wir den Schirm beobachten, um herauszufinden, welchen Spalt das Teilchen passiert hat, verschwindet augenblicklich die zweite Realität, was die Interferenzen beseitigt.

JEAN GUITTON: Das soeben Gesagte erlaubt es, zwei extreme Schlußfolgerungen zu riskieren.

Die erste führt zu folgender Idee, die in der Philosophie noch niemals geäußert wurde: Neben unserer Realität würden nicht nur Geisterteilchen existieren, sondern komplette Universen, der unseren »parallele« Welten. In diesem Fall würden wir uns in einem Labyrinth bewegen, in dem unser schmaler Pfad in einer unendlichen Zahl möglicher Welten eingeschlossen wäre, die alle gleichermaßen real und wahr, jedoch unzugänglich sind. Ich werde später erläutern, inwiefern mir diese These höchst zweifelhaft vorkommt.

Die zweite Idee ist, daß *niemand* zu erklären vermag, was auf der Ebene des Photons in dem Moment geschieht, wo es sich »entscheidet«, A oder B zu passieren. Das Geheimnis ist, daß das Photon angesichts des Spalts A zu wissen scheint, ob der Spalt B offen oder geschlossen ist. Kurz, es scheint den Quantenzustand des Universums zu kennen. Was aber erlaubt es dem Photon, sich für diesen oder jenen Weg zu entscheiden? Was schickt die Geisterwelten ins Nichts zurück? Einfach das

Bewußtsein des Beobachters. Und damit sind wir wieder beim Geist: An den unsichtbaren Enden unserer Welt, unter und über unserer Realität, hält sich der Geist auf. Und vielleicht ist es so, daß dort unten, im Innern des seltsamen Reichs der Quanten, unser menschlicher Geist und der Geist jenes transzendenten Wesens, das wir Gott nennen, veranlaßt werden aufeinanderzutreffen.

Noch ein Wort. Das Experiment, das wir beschrieben haben, zeigt uns, daß wir nicht in einer determinierten Welt leben: im Gegenteil, wir sind frei und haben die Macht, in jedem Augenblick alles zu verändern. Deshalb sind die Elementarteilchen keine Materiefragmente, sondern einfach die Würfel Gottes.

IGOR BOGDANOV: Hier ist eine Gelegenheit, Einstein mit den Verfechtern der Quantentheorie zu versöhnen. Denn wie diese Theorie behauptet, gibt es die Würfel; doch entsprechend Einsteins Standpunkt spielt nicht Gott mit seinen Würfeln, sondern der Mensch selbst.[(8)]

JEAN GUITTON: Und es ist an uns, sie in jedem Augenblick in die richtige Richtung rollen zu lassen.

Wir sahen soeben, daß die Existenz und die Evolution des Universums von der rigorosen Präzision abhängen, mit der die Anfangsbedingungen und die sich daraus ergebenden großen Konstanten festgelegt worden sind. Es scheint also, daß wir in der besten aller Welten leben.

Und wenn unser Universum nun nicht das einzig mögliche Universum wäre? Anders gesagt: Gibt es, neben dem unseren, andere, »parallele« Universen, die uns für immer unzugänglich sein werden? Und sollte unsere Welt nur eine der vielen Versionen einer unendlichen Menge möglicher Welten sein, dann ist die phantastisch präzise Regulierung der Anfangsbedingungen und der physikalischen Konstanten nicht mehr überraschend.

Freilich müssen wir zugeben, daß der Begriff der vielen Welten keine wissenschaftlich verifizierbare Grundlage hat. Ein weiteres Mal sind wir mit einem einzigen Universum konfrontiert: dem einzig möglichen Universum, dessen Anfangsbedingungen und dessen physikalische Konstanten mit schwindelerregender Präzision festgelegt worden sind.

Denn vom ersten Augenblick an enthält die Materie einen Funken, der es ermöglichen wird, daß in dem großen kosmischen Fresko das Leben, das Bewußtsein und schließlich wir selbst entstehen.

Die divergierenden Universen

Grichka Bogdanov: Manchmal kommt es vor, daß die verrücktesten Ideen, von denen man meint, sie hätten niemals auch nur die geringste Chance, eines Tages realisiert zu werden, am Ende eine wissenschaftliche Formulierung erleben. Das geschieht zur Zeit mit einer Frage, die auf den ersten Blick so vernunftwidrig erscheint, daß die meisten von uns sich nicht einmal vorstellen können, sie überhaupt zu stellen. Diese Frage, die aus der Beobachtung der Welt, *wie sie ist*, entstand, betrifft die Welt, wie sie sein *könnte* oder *gewesen sein könnte*.

Beginnen wir mit dem einfachsten Beispiel. Jeder von uns hat sich wohl schon des öfteren gefragt, was geschehen wäre, wenn er etwas, was er getan hat, nicht getan hätte: Inwiefern hätte sich sein tägliches Leben dadurch verändert? Aber noch häufiger versuchen wir, uns vorzustellen, *was geschehen wäre*, wenn wir diesen oder jenen Plan in die Tat umgesetzt hätten: Inwiefern hätte sich dann die uns umgebende Welt verändert? Und nach und nach beginnen wir, manchmal ohne daß wir uns dessen bewußt sind, uns andere mögliche Welten vorzustellen, ganze Teile eines anderen historischen Zweigs zu erarbeiten, der aus einem dem unseren parallelen Universum hervorgegangen wäre.

JEAN GUITTON: Das Problem, das Sie hier stellen, ist besonders schwierig. Ich habe mich zum Beispiel oft gefragt, was geschehen wäre, wenn man Ludwig XVI. nicht »durch Zufall« in Varennes erkannt hätte. Wenn Napoleon I. bei Waterloo gesiegt hätte.

Das erste, was mir auffällt, ist der oft »beliebige«, zufällige Charakter dieser oder jener historischen Entwicklung. Immer wenn wir die Entstehungsgeschichte eines Ereignisses im Detail untersuchen, sehen wir, sobald wir zu verstehen suchen, warum sich dieses oder jenes ereignet hat, eine Menge bisher unsichtbarer Faktoren auftauchen, die willkürlich innerhalb einer Kette miteinander verknüpft sind, die eher dem »Zufall« als einem expliziten *Schicksal* zu unterstehen scheint. Wenn wir über unser Alltagsleben nachdenken, sind wir also logisch berechtigt zu sagen, es hätte nur eines *Nichts* bedurft, damit dieses oder jenes Ereignis nicht stattgefunden hätte, oder im Gegenteil einer Winzigkeit, daß ein anderes eingetreten wäre. In beiden Fällen wäre die Realität, die wir kennen, anders gewesen.

Von hier aus ist die Versuchung groß, sich folgendes zu sagen: Vielleicht gibt es ja andere, der unseren *parallele* Welten, in denen meine Geschichte (und allgemeiner die Geschichte der ganzen Menschheit) anders verlaufen ist. Vielleicht gibt es zum Beispiel eine Welt, in der man einem Jean Guitton begegnen kann, der mir in allen Punkten gleicht, mit dem einen Unterschied, daß er sich nie dafür entschieden hat, sein Leben der Philosophie zu widmen.

Igor Bogdanov: Bleiben wir einen Augenblick bei diesem Punkt: Haben Sie rückblickend den Eindruck, daß Ihr Leben einen anderen Verlauf hätte nehmen können? Erinnern Sie sich an einen bestimmten Augenblick ihrer Existenz, wo alles hätte umkippen können?

Jean Guitton: Ohne jeden Zweifel. Für mich fand dieser Moment der Wahl zwischen den möglichen Welten, dieser so verwirrende Augenblick, in dem man ein Universum ins Leben rufen und gleichzeitig ein anderes ins Nichts verweisen muß, in meinem zwanzigsten Lebensjahr statt, im Jahre 1921. Ich war seit zwei Jahren an der Ecole Normale Supérieure eingeschrieben, in der Sektion Literatur. Und ich bin mir fast sicher, daß ich ein »Literat« geblieben wäre, wenn mich ein bestimmtes Ereignis nicht hätte umschwenken lassen. Eines Tages hatte der Direktor der Schule, Monsieur Lanson, die blendende Idee, den großen Philosophen Emile Boutroux zu bitten, vor uns jungen Studenten einen Vortrag zu halten. Boutroux war ein lebendes Denkmal des Denkens. Als Schwager des berühmtesten Mathematikers seiner Zeit, Henri Poincaré, verkörperte er für mich das Wesen der Philosophie schlechthin. Noch heute, siebzig Jahre später, sehe ich seine große, gebeugte Gestalt langsam die sogenannte *Salle des Actes* betreten, in der wir versammelt waren. Dann erhob sich über unseren Köpfen seine halberloschene Stimme in der Leere, und er begann von der Wissenschaft und später von Gott zu sprechen. Sachte waren die Stunden vergangen, und ein großes Schweigen, ähnlich dem Schweigen des großen

Ganzen in jedem einzelnen Wesen, hatte uns umfangen. Und dann, so als fühlte er vielleicht, daß das Wort, das wie eine langsame Veränderung der Zeit im Abend aufstieg, seine letzte philosophische Handlung sein könnte, hob der alte Mann den Kopf und sagte in einem Murmeln: »Alles ist eins, aber das Eine ist im Anderen, wie die drei Personen.«

Ein Hauch, einem leisen Windstoß gleich, wehte nun in der absolut stillen Luft, und ich wußte, daß in diesem einmaligen, so schönen, aber auch so tragischen Augenblick etwas für immer zu Ende ging.

»Meine Herren«, sagte er und erhob sich, »ich danke Ihnen.«

Drei Monate später, an einem kalten Novembertag, fand die Beerdigung von Emile Boutroux statt. Als ich am Montaigne-Gymnasium vorbeiging, bemerkte ich die schwarze Gestalt von Monsieur Lanson, unserem Direktor, der mühsam gegen den Wind voranschritt. Ich grüßte ihn und sagte, von der Erinnerung an den verblichenen Philosophen gedrängt: »Herr Direktor, ich habe beschlossen ... die Literatursektion ... zu verlassen ... um in die der Philosophie einzutreten.« Monsieur Lanson sah mich mit einem Blick an, der von sehr weit herzukommen schien: »Die Literatursektion war tatsächlich ein wenig überfüllt. Ich danke Ihnen, daß Sie das Gleichgewicht wiederhergestellt haben.«

Von diesem Tag an hatte ich endgültig das Universum gewechselt: Von nun an war ich ein »Philosoph«. Doch ich bin davon überzeugt, daß ich, wenn nicht drei Monate vorher der große Boutroux gekommen wäre, um zu uns zu sprechen, vielleicht Literaturprofessor oder Romancier geworden wäre. Jedenfalls hätte der Jean Guitton, den ich für den wahren, den einzigen Jean Guitton halte, nicht existiert.

IGOR BOGDANOV: Gehen wir noch weiter. Wagen wir, nach dem Beispiel von Niels Bohr, folgende *unsinnige* Idee: Nicht nur hätte ein »literarischer« Jean Guitton erscheinen können, sondern es gibt ihn *schlicht und einfach* in einem anderen Universum, in einer Welt, die zur unseren parallel verläuft, jedoch für immer von ihr abgeschnitten ist. Von da ab hindert uns nichts daran zu denken, daß eine dritte, dann eine vierte und allmählich unendlich viele verschiedene Versionen des Jean Guitton existieren können, den wir kennen.

GRICHKA BOGDANOV: Die Hypothese der parallelen Universen wurde vorgeschlagen, damit bestimmte Paradoxien, die sich aus der Quantentheorie ergeben, die bekanntlich die Realität in Termini der Wahrscheinlichkeiten beschreibt, gelöst werden konnten. Wir müssen uns erinnern, daß diese Interpretation einer Welt, in der sich viele Ereignisse nicht mit Bestimmtheit vorhersagen, sondern nur als *wahrscheinlich* beschreiben lassen, sehr vielen Physikern, unter anderen auch Albert Einstein, nicht behagte. Und um die Grenzen der probabilistischen Ideen aufzuzeigen, erfand Erwin Schrödinger die folgende kleine Geschichte.

Stellen wir uns vor, eine Katze sei in einer Kiste eingeschlossen, in der sich eine Flasche mit Zyanid befindet. Über der Flasche hängt ein Hammer, der beim Zerfall einer radioaktiven Substanz herunterfällt. Sobald das erste Atom zerfällt, fällt der Hammer herunter, zerbricht die Flasche und setzt das Gift frei: Die Katze ist tot. Bis hierhin weist das Experiment nichts Erstaunliches auf.

Alles kompliziert sich jedoch, sobald wir, ohne die Kiste zu öffnen, vorherzusagen versuchen, was sich in ihr abgespielt hat. Nach den Gesetzen der Quantenmechanik gibt es nämlich keine Möglichkeit zu erfahren, in welchem Augenblick der radioaktive Zerfall stattfinden wird, der die tödliche Versuchsanordnung in Gang setzt. Allenfalls kann man in Termini der Wahrscheinlichkeit sagen, daß eine Chance von 50 Prozent besteht, daß der Zerfall nach einer Stunde einsetzt. Unsere Vorhersagefähigkeit ist also recht gering: Die Chancen, daß wir uns irren, wenn wir beispielsweise behaupten, daß die Katze tot ist, stehen 1 zu 1. Denn bevor wir in die Kiste hineinschauen, herrscht in ihrem Innern eine seltsame Mischung von Quantenrealitäten, die aus 50 Prozent lebendiger Katze und 50 Prozent toter Katze besteht, eine Situation, die Schrödinger für unannehmbar hielt.(5)

Um diesem Paradoxon zu begegnen, berief sich der amerikanische Physiker Hugh Everett auf die Theorie der »parallelen Welten«, der zufolge sich das Universum im Augenblick des Zerfalls in zwei unterschiedliche Universen aufspaltet: Im ersten Universum wäre die Katze lebendig, im zweiten wäre sie tot. Diese beiden Universen, beide gleichermaßen real, hätten sich gewissermaßen verdoppelt, um einander nie wieder zu begegnen. Und so kann man die Existenz einer unendlichen Anzahl von Universen postulieren, die uns für immer verschlossen wären.

Igor Bogdanov: Aus der Sicht der Quantentheorie koexistieren alle diese möglichen, in gewisser Weise aneinandergrenzenden Welten. Kehren wir zu Schrödingers Katze zurück. Vor der Beobachtung gibt es in der Kiste zwei übereinanderliegende Katzen: Die eine ist tot, während die andere lebendig ist. Diese beiden Katzen gehören zu zwei verschiedenen möglichen Welten. Wenn ich freilich die Kopenhagener Deutung anwende, kollabiert die Wellenfunktion, die beide Katzen gleichzeitig trägt, im Augenblick der Beobachtung und reißt eines der beiden Tiere mit sich. Dessen Verschwinden verursacht augenblicklich die Vernichtung der zweiten möglichen Welt.

Grichka Bogdanov: Noch genauer: Die Kopenhagener Deutung besagt, daß die zwei Zustände der Katze, die den zwei möglichen Aspekten der Wellenfunktion entsprechen, beide gleichermaßen irreal sind; erst wenn wir in die Kiste hineinschauen, materialisiert sich eine der beiden.

Jean Guitton: In diesem Sinne ist es also der Akt des Beobachtens sowie die Bewußtwerdung, die er nach sich zieht, die die Realität nicht nur verändern, sondern auch determinieren! Die Quantenmechanik unterstreicht aufs glänzendste die Evidenz einer inneren Verbindung zwischen Geist und Materie. Wie sollte ich da nicht ein ungeheures Glück empfinden? Das ist die Bestätigung dessen, woran ich seit jeher glaube: die Herrschaft des Geistes über die Materie.

IGOR BOGDANOV: Eine schöne Schlußfolgerung, die indessen eine kleine Zahl von Physikern dadurch zu umgehen trachtet, daß sie sich auf eine zumindest seltsame Hypothese berufen, deren Konsequenzen bei weitem alles übersteigen, was die Mehrheit der Wissenschaftler einzuräumen bereit ist: die Hypothese der vielen Welten.

Diese überraschende Deutung der Quantenmechanik wurde zum erstenmal vor ein paar Jahren von Hugh Everett, einem jungen Physiker der Princeton-Universität vorgeschlagen.

Kehren wir zu unserer nunmehr berühmten Katze von Schrödinger zurück. Auf der Suche nach originellen Ideen für seine Doktorarbeit ging er von folgender Überlegung aus: Im Innern der Kiste befinden sich nicht eine, sondern zwei Katzen, die beide gleichermaßen real sind. Nur daß die erste lebendig und die zweite tot ist und beide sich in zwei verschiedenen Welten befinden.

JEAN GUITTON: Was bedeutet dieses Phänomen der Verdopplung?

IGOR BOGDANOV: Für Everett etwa folgendes: Wenn das Universum vor einer mit einem Quantenereignis zusammenhängenden »Entscheidung« steht, ist es gezwungen, sich in zwei Versionen seiner selbst aufzuspalten, die in jeder Hinsicht identisch sind.

So würde eine erste Welt existieren, in der das Atom sich verflüchtigt und damit den Tod der Katze verursacht – den der Beobachter feststellt. Doch außerdem gäbe es eine ebenso reale zweite Welt, in der das Atom nicht zerfiele und die Katze infolgedessen noch immer lebendig wäre.

Wir hätten es also mit zwei voneinander verschiedenen Welten zu tun, mit zwei Universen, zwischen denen keine Kommunikation mehr möglich wäre. Zwei Welten, deren jeweilige Geschichte sich allmählich differenzieren, divergieren könnte, bis sie einander vollkommen fremd würden.

JEAN GUITTON: In diesem Fall wäre unsere Realität nicht einmalig, sondern von einer Myriade mehr oder weniger verschiedener Doubles umgeben, wobei sich ein jedes von ihnen im Laufe eines endlosen, schwindelerregenden Prozesses aufspaltet.

IGOR BOGDANOV: Ja. Denn wenn wir diese Hypothese akzeptieren, finden in jedem Augenblick auf der Erde wie im übrigen Kosmos, auf jedem Stern und in jeder Galaxie, Quantenübergänge statt, das heißt Phänomene, die unsere Welt veranlassen, sich in unendlich viele Kopien aufzuspalten, die ihrerseits weitere Kopien entstehen lassen, und so fort.

JEAN GUITTON: Es gäbe demnach in eben dem Augenblick, da ich spreche, 10^{100} mehr oder weniger gleiche Kopien von mir, die jeweils 10^{100} neue Kopien entstehen lassen, und unendlich so weiter?

Die Verfechter dieser Hypothese mögen mir verzeihen, aber aus philosophischer Sicht habe ich mehrere triftige Gründe, sie auf unsere Realität nicht für anwendbar zu halten. Täuschen wir uns nicht: Natürlich bin ich bereit einzuräumen, daß es zum Beispiel einen mehr oder weniger von mir verschiedenen Jean Guitton (zum Beispiel einen Jean Guitton, den die Malerei nie verlockt hätte) gegeben haben könnte. Aber zu sagen, er lebe ganz einfach in einem »Anderswo«, das ebenso wahr wie dieses, jedoch unzugänglich ist, ist etwas ganz anderes.

Denken wir nach: Zu behaupten, es gäbe, gleich Bildern in einem Spiegel, eine Myriade anderer, der unseren parallele Welten, heißt, daß nicht nur alles, was möglich ist, sondern auch alles, was überhaupt denkbar ist, real werden kann. Wir müßten also, weit über unserem Universum entsprungene bloße Varianten hinaus, auch monströs andere, umherirrende Realitäten postulieren, die auf Strukturen und Gesetzen beruhen, die allem, was wir uns überhaupt nur vorstellen können, absolut fremd sind. Doch welche Welt wäre angesichts einer solchen Flut, angesichts dieser zahllosen, im Netz der Virtualitäten miteinander verknüpften Welten »die richtige«? Gäbe es eine Bezugswelt, eine Modellwelt, aus der alle anderen hervorgegangen wären? Man muß zugeben, daß dem nicht so ist: Jedes dieser Universen würde seine Legitimität aus seiner eigenen Existenz nehmen, in gleicher Weise wie unendlich viele andere. Unsere eigene Realität wäre also weder besser noch legitimer als eine andere, wie ein Tropfen in einem grenzenlosen Ozean versunken.

Igor Bogdanov: Man muß darauf hinweisen, daß die meisten Physiker diese These verwerfen, sogar einige ihrer Begründer, insbesondere der kühne amerikanische Theoretiker John Wheeler. Auf einem Albert Einstein gewidmeten Symposium wurde er nach seiner Meinung über die Viele-Welten-Theorie gefragt, und er antwortete: »Ich gestehe, daß ich von dieser Auffassung, die ich anfangs befürwortete, schließlich widerstrebend Abstand nehmen mußte, weil ich fürchtete, daß sie ein zu schweres metaphysisches Gepäck mit sich schleppt.«

Ich persönlich bin versucht zu glauben, daß diese Deutung der Quantenmechanik zu radikal anderen Schlüssen führt, als die Kopenhagener Gruppe sie vorgeschlagen hat. Vereinfachend kann man sagen, daß in der Kopenhagener Deutung nichts real ist, wohingegen für die Theoretiker der vielen Welten alles real ist.

Grichka Bogdanov: Der Kopenhagener Gedanke schließt in der Tat die Möglichkeit alternativer Welten aus. Hinter jedem Element unserer Realität gibt es zahllose virtuelle Elemente, die sich jeweils auf Geisterwelten beziehen, Realitäten, die existieren könnten, jedoch keinerlei Konsistenz haben, solange sie nicht von einem Beobachter »materialisiert« worden sind. Der Quantenzustand verweist auf eine Welt, die sich jenseits der menschlichen Welt befindet, auf eine Welt, in der eine unendliche Anzahl virtueller Lösungen, potentieller Welten veranlaßt werden, zu koexistieren. In dieser Perspektive kann man also sagen, daß die sogenannten »parallelen« Welten lediglich im Quantenbereich, das heißt im virtuellen Zustand existieren.

IGOR BOGDANOV: Erläutern wir diesen Punkt. Bevor ein Elementarteilchen Gegenstand einer Beobachtung ist, existiert es in Form eines »Wellenpakets«. Anders gesagt, alles geht so vor sich, als gäbe es unendlich viele Teilchen, von denen jedes einzelne eine Bahn, eine Position, eine Geschwindigkeit, also Merkmale besitzt, die sich von allen anderen unterscheiden. Doch im Augenblick der Beobachtung kollabiert die Wellenfunktion, und nur ein einziges dieser zahllosen Teilchen wird veranlaßt, sich zu materialisieren, womit es alle »parallelen Teilchen« annulliert. Und in eben dem Moment, wo sich ein Ereignis in der langen Kette der Phänomene, die die Geschichte unseres Universums bildet, materialisiert, verschwindet eine unendliche Anzahl virtueller Ereignisse, die in ihrem Sog eine Myriade von Geisterwelten verschlingt.

Als einziges bestehen bleibt dann unsere einmalige und unteilbare Realität.

JEAN GUITTON: Hier erhebt sich eine Frage: Was bewirkt den Kollaps der Wellenfunktion, die ein Phänomen kennzeichnet? Ganz einfach der Akt der Beobachtung. In diesem Sinne können wir analog die Ansicht vertreten, daß unser Universum aus dem Kollaps einer Art »universeller Wellenfunktion« resultiert, einem Kollaps, der von einem äußeren Beobachter hervorgerufen wurde.

Nehmen wir also an, unser Universum sei gleichsam von einem Hof alternativer Realitäten umgeben, die auf einer unendlichen Anzahl ineinandergreifender Wellenfunktionen beruhen. Dann kann ich ohne weiteres die Hypothese aufstellen, daß dieses komplexe Netz wechselwirkender Wellenfunktionen zu einer einzigen Welt kollabiert, wenn es beobachtet wird. Und genau das ist die Frage: *Wer* beobachtet denn das Universum?

Meine Antwort: Die parallelen Universen, die alternativen Realitäten existieren nicht. Es gibt lediglich virtuelle Realitäten, mögliche Verzweigungen, die verschwinden, um unserer einzigen Realität Raum zu geben, sobald jener große Beobachter eingreift, der, von außen, die kosmische Evolution in jedem Augenblick verändert. Dann versteht man, warum dieser sowohl einzige wie transzendente Beobachter für die Existenz und die Entwicklung unseres Universums absolut unerläßlich ist.

Und schließlich versteht man, daß dieser kosmische Beobachter für mich einen Namen hat.

Wenn wir die Idee akzeptieren, daß die Realität nichts anderes ist als das Ergebnis der Feldwechselwirkungen zwischen fundamentalen Entitäten, über die wir nichts oder fast nichts wissen, müssen wir zugeben, daß die Welt ein wenig einem Zerrspiegel gleicht, in dem wir schlecht und recht den Widerschein von etwas erfassen, was für immer unbegreiflich bleiben wird.

Die Quantenphysik zwingt uns, unsere gewöhnlichen Begriffe von Raum und Zeit zu überwinden. Das Universum beruht auf einer globalen und unteilbaren Ordnung, sowohl im Maßstab des Atoms als auch in dem der Sterne. Handelt es sich, wie Hubert Reeves sagt, um einen »immanenten und allgegenwärtigen Einfluß«, der zwischen allen scheinbar getrennten Objekten des Universums wirkt? Jeder der Teile enthält das Ganze: Alles spiegelt alles übrige wider. Die Kaffeetasse auf diesem Tisch, die Kleider, die wir tragen, alle diese Gegenstände, die wir als »Teile« identifizieren, bergen in sich die Totalität.

Wir alle halten das Unendliche in unserer Hand.

Nach dem Ebenbild Gottes

JEAN GUITTON: Wir sind am Ende unseres Dialogs angelangt. Während unserer Gespräche haben wir einen schmalen Spalt in der von der klassischen Physik errichteten hohen Mauer geöffnet. Hinter dieser Mauer erahnen wir nunmehr eine in Nebel gehüllte Szenerie, eine schillernde, unendlich subtile Landschaft, deren Horizont in ungeheurer Ferne liegt. Im Licht der Quantentheorie erhellen sich viele Geheimnisse durch eine neue Interpretation, gewinnen eine Art *Kohärenz*, ohne indes irgend etwas von ihrer ursprünglichen Wahrheit einzubüßen. Insbesondere läßt die moderne Physik folgendes erahnen: Der Geist des Menschen taucht aus Tiefen empor, die weit jenseits des persönlichen Bewußtseins liegen. Je tiefer man hinabsteigt, desto mehr nähert man sich einem universellen Fundament, das die Materie, das Leben und das Bewußtsein miteinander verbindet.

IGOR BOGDANOV: Um Ihre Worte zu bekräftigen, brauchen wir hier nur an ein ungewöhnliches Experiment zu erinnern, daß der französische Physiker Léon Foucault im Jahre 1851 machte. Damals hatte man noch keinen experimentellen Beweis dafür, daß sich die Erde um sich selbst dreht. Um es zu demonstrieren, hängt Foucault einen sehr schweren Stein an ein langes Seil, dessen Ende am Gewölbe des Pantheon befestigt ist. Damit verfügt unser Experimentator über ein sehr großes Pendel, das an einem Frühlingsmorgen in Bewegung gesetzt wird. Und genau hier beginnt das Rätsel. Zu seiner großen Verwunderung stellt Foucault nämlich fest, daß die Schwingungsebene seines Pendels – das heißt die Richtung seines Hin und Her – nicht fix ist. Sie dreht sich um eine vertikale Achse. Das Pendel hatte zwar begonnen, in Ost-West-Richtung zu schwingen, verlagerte sich aber wenige Stunden später in Nord-Süd-Richtung. Aus welchem Grund? Foucaults Antwort war einfach: Dieser Richtungswechsel war nur eine Täuschung. In Wirklichkeit drehte sich die Erde, während die Schwingungsebene des Pendels absolut fix war.

Jean Guitton: Gewiß. Fix jedoch in bezug auf was? Da im Universum alles in Bewegung ist, wo läßt sich ein bewegungsloser Anhaltspunkt finden? Die Erde dreht sich um die Sonne, die sich wiederum um den Mittelpunkt der Milchstraße bewegt... Wo endet dieses phantastische Ballett?

Igor Bogdanov: Genau das ist die eigentliche Frage, die Foucaults Pendel aufwarf. Denn die Milchstraße bewegt sich zum Mittelpunkt der lokalen Gruppe der benachbarten Galaxien, die wiederum zum lokalen Superhaufen gezogen werden, das heißt zu einer noch größeren Gruppe von Galaxien. Und diese gigantische Menge von Galaxien strebt dem »Großen Attraktor« zu, einem ungeheuren Komplex massiver Galaxien, der sich in sehr großer Entfernung befindet.

Der Schluß, der aus Foucaults Experiment gezogen werden muß, ist verblüffend: Gleichgültig gegenüber den – indes beträchtlichen – Massen, die Sonnen und nahe Galaxien darstellen, richtet sich die Schwingungsebene des Pendels nach Himmelskörpern, die in schwindelerregender Entfernung von der Erde am Horizont des Universums liegen. Insofern sich die Totalität der sichtbaren Masse des Universums in den Milliarden ferner Galaxien befindet, bedeutet das, daß das Verhalten des Pendels vom Universum *in seiner Gesamtheit* bestimmt wird und nicht nur von den Himmelskörpern, die sich in Erdnähe befinden.

Anders gesagt, wenn ich dieses simple Glas auf dem Tisch hier hochhebe, bringe ich Kräfte ins Spiel, die das gesamte Universum involvieren: Alles, was auf unserem winzigen Planeten geschieht, steht in Beziehung zur Unermeßlichkeit des Kosmos, als trüge jeder einzelne Teil die Totalität des Universums in sich. Mit dem Foucaultschen Pendel müssen wir also zugeben, daß zwischen allen Atomen des Universums eine geheimnisvolle Wechselwirkung besteht, die weder einen Energieaustausch noch irgendeine Kraft ins Spiel bringt und dennoch das Universum zu einer einzigen Totalität verknüpft.(4)

JEAN GUITTON: Alles sieht so aus, als ob eine Art »Bewußtsein« eine Verknüpfung zwischen jedem Atom des Universums herstellte. Wie Teilhard de Chardin schrieb:

»In jedem Teilchen, jedem Atom, jedem Molekül, jeder Materiezelle leben und wirken im Verborgenen die Allwissenheit des Ewigen und die Allmacht des Unendlichen.«

GRICHKA BOGDANOV: Gleichsam als Echo der Gedanken Teilhards meint der Physiker Harris Walker, daß das Verhalten der Elementarteilchen von einer organisierenden Kraft gelenkt zu sein scheint.

JEAN GUITTON: Die Quantenphysik enthüllt uns, daß die Natur ein unteilbares Ganzes ist, *in dem alles miteinander zusammenhängt*. Die Totalität des Universums tritt an jedem Ort und zu jeder Zeit in Erscheinung. Und damit scheint der Begriff des Raums, der zwei Objekte mehr oder weniger stark voneinander trennt, nicht mehr viel Sinn zu haben. Zum Beispiel diese beiden Bücher auf dem Tisch: Ganz offensichtlich, so sagen uns unsere Augen und der gesunde Menschenverstand, sind sie durch eine bestimmte Entfernung voneinander getrennt. Wie verhält es sich für den Physiker? Von dem Moment an, wo zwei physikalische Objekte veranlaßt worden sind, aufeinander einzuwirken, muß man sehen, daß sie einheitliche Systeme bilden und infolgedessen untrennbar verbunden sind.

GRICHKA BOGDANOV: Der Begriff der Untrennbarkeit tauchte in den zwanziger Jahren mit den ersten Quantentheorien auf. Damals führte er zu schrecklichen Kontroversen, sogar bei großen Persönlichkeiten wie Einstein, der 1935 einen aufsehenerregenden Aufsatz veröffentlichte, der zeigen sollte, daß die Quantentheorie unvollständig ist. Mit zwei seiner Kollegen, Podolsky und Rosen, schlug Einstein ein Gedankenexperiment vor, das heute unter dem Namen »ERP-Experiment«, nach den Initialen der drei Autoren, bekannt ist.

Nehmen wir an, wir ließen zwei Elektronen A und B voneinander abprallen und warteten, bis sie sich soweit voneinander entfernen, daß keines das andere auf irgendeine Weise beeinflussen kann. Wenn man nun Messungen an A vornimmt, kann man gültige Schlüsse über B ziehen, und niemand wird behaupten können, daß wir, indem wir die Geschwindigkeit von A messen, die von B beeinflußt haben. Hält man sich nun aber an die Quantenmechanik, so Einsteins Kritik, dann können wir unmöglich wissen, welche Richtung das Teilchen A nehmen wird, bevor nicht ein Meßinstrument seine Bahn aufgezeichnet hat, denn der Quantentheorie zufolge hängt die Realität eines Ereignisses vom Akt der Beobachtung ab. Wenn nun aber A »nicht weiß«, welche Richtung es nehmen soll, bevor es von einem Meßgerät aufgezeichnet wird, wie sollte B dann *im voraus* die Richtung von A »kennen« und seine Bahn so orientieren, daß es genau im selben Augenblick in der entgegengesetzten Richtung eingefangen werden kann?

Einstein zufolge ist das alles absurd: Er meinte, die Quantenmechanik sei eine unvollständige Theorie, und diejenigen, die sie buchstabengetreu anwendeten, befänden sich auf dem falschen Weg. Tatsächlich war Einstein davon überzeugt, daß die beiden Teilchen zwei unterschiedliche Entitäten darstellen, zwei räumlich getrennte »Realitätskörner«, die sich nicht gegenseitig beeinflussen können.

Die Quantenphysik sagt nun aber genau das Gegenteil. Sie behauptet, daß diese beiden scheinbar räumlich getrennten Teilchen ein und dasselbe physikalische System bilden. 1982 sollte der französische Physiker Alain Aspect endgültig Einstein widerlegen, indem er zeigte, daß zwischen zwei Photonen, das heißt zwei Lichtkörnern, die sich in entgegengesetzte Richtungen voneinander entfernen, eine unerklärliche Korrelation besteht. Jedesmal, wenn man die Polarität eines der beiden Photonen verändert (mit Hilfe eines Filters), scheint das andere sofort zu »wissen«, was seinem Gefährten zugestoßen ist, und ändert augenblicklich ebenfalls seine Polarität. Wie läßt sich ein solches Phänomen erklären? Zur Lösung dieser verwirrenden Frage haben die Physiker zwei Interpretationen vorgeschlagen.

Die erste lautet, daß das Photon A das Photon B »wissen läßt«, was geschieht, und zwar dank einem Signal, das sich in einer Geschwindigkeit vom einen zum anderen bewegt, die größer ist als die Lichtgeschwindigkeit. Nachdem einige Physiker dieser Interpretation vorsichtig zugestimmt hatten, wird sie heute mehr oder weniger verworfen und dem vorgezogen, was Niels Bohr die »Unteilbarkeit des Wirkungsquantums« nannte, oder der Untrennbarkeit des Quantenexperiments.(9)

Dieser zweiten Interpretation zufolge müssen wir uns mit dem Gedanken vertraut machen, daß Lichtkörner, auch wenn sie Milliarden Kilometer voneinander entfernt sind, zu *ein und derselben* Totalität gehören: Es besteht zwischen ihnen eine Art geheimnisvolle Wechselwirkung, die sie ständig miteinander in Kontakt hält. Um ein sehr annäherndes Beispiel zu nennen: Wenn ich mir die linke Hand verbrenne, wird meine rechte Hand augenblicklich darüber informiert und eine ähnliche Rückzugsbewegung machen wie die linke, weil meine beiden Hände Teil der Totalität meines Organismus sind.

JEAN GUITTON: Diese Ergebnisse laufen darauf hinaus, die Begriffe von Raum und Zeit in Frage zu stellen, in dem Sinn, in dem wir diese Wörter verstehen.

Das erinnert mich an eine Diskussion, die ich vor einem halben Jahrhundert mit Louis de Broglie hatte. Wir standen vor dem Pantheon, und er sagte mir, daß Physik und Metaphysik, Fakten und Ideen, Materie und Bewußtsein ein und dasselbe seien. Um seinen Gedanken zu veranschaulichen, benutzte er ein Bild, das ich nie vergessen werde: das Bild des Strudels in einem Fluß. »Aus einer bestimmten Entfernung«, sagte er, »kann man das aufgewirbelte Wasser deutlich vom ruhigeren Lauf des Flusses unterscheiden. Sie werden als zwei getrennte ›Dinge‹ wahrgenommen. Wenn wir jedoch näherkommen, wird es unmöglich zu erkennen, wo der Strudel endet und der Fluß anfängt: Die Analyse in unterschiedene und voneinander getrennte Teile hat keinen Sinn mehr. Der Strudel ist nicht wirklich etwas Getrenntes, sondern ein Aspekt des Ganzen.«

GRICHKA BOGDANOV: Man kann sogar noch weiter gehen, um zu versuchen, die Physiker zu verstehen, wenn sie behaupten, das Ganze und der Teil seien ein und dasselbe. Ein frappierendes Beispiel: das Hologramm. Die meisten Menschen, die schon einmal ein holographisches Bild gesehen haben (es entsteht, wenn man einen Laserstrahl durch die Platte schickt, auf der eine Szene photographiert worden ist), haben den seltsamen Eindruck, ein reales dreidimensionales Objekt zu betrachten. Man kann um die holographische Projektion herumgehen und sie unter verschiedenen Blickwinkeln anschauen, genau wie ein reales Objekt. Erst wenn man die Hand durch das Objekt hindurchstreckt, stellt man fest, daß es gar keines ist.

Wenn wir nun aber ein starkes Mikroskop nehmen, um beispielsweise das holographische Bild eines Wassertropfens zu betrachten, sehen wir die Mikroorganismen, die sich im ursprünglichen Tropfen befinden.

Aber das ist noch nicht alles. Das holographische Bild hat eine noch merkwürdigere Eigenschaft. Angenommen, ich photographiere den Eiffelturm. Wenn ich das Negativ meines Photos zerreiße und eine der beiden Hälften entwickle, erhalte ich natürlich nur eine Hälfte des ursprünglichen Bildes des Eiffelturms.

Beim holographischen Bild ändert sich jedoch alles. So seltsam es erscheinen mag: Wenn man von dem holographischen Negativ ein Stück abreißt, um es unter einen Laserprojektor zu legen, erhält man nicht etwa einen »Teil« des Bildes, sondern *das ganze Bild*. Selbst wenn ich das Negativ zehnmal zerreiße und nur einen winzigen

Teil von ihm aufhebe, enthält er doch die Totalität des Bildes.

Das zeigt auf spektakuläre Weise, daß es zwischen den Regionen (oder Teilen) der ursprünglichen Szene und den Regionen der holographischen Platte keine eindeutige Entsprechung gibt, wie es beim Negativ eines herkömmlichen Photos der Fall ist. Die ganze Szene wurde überall auf der holographischen Platte aufgezeichnet, so daß jeder einzelne »Teil« der Platte das Ganze widerspiegelt. Für David Bohm weist das Hologramm eine frappierende Analogie zur ungeteilten Ganzheit der Ordnung des Universums auf.(3)

JEAN GUITTON: Was aber geschieht auf der holographischen Platte, damit dieser Effekt entsteht?

IGOR BOGDANOV: Für Bohm handelt es sich lediglich um eine Art »Schnappschuß«, eine statische Version dessen, was sich in unendlich größerem Maßstab in jeder Region des Raums im gesamten Universum ereignet, vom Atom bis zu den Sternen, von den Sternen bis zu den Galaxien.

JEAN GUITTON: Als ich Ihnen zuhörte, kam mir intuitiv die Antwort auf eine Frage, die ich mir stellte, als ich die Bibel las: Warum steht geschrieben, daß Gott den Menschen nach seinem Bilde geschaffen hat? Ich glaube nicht, daß wir nach Gottes Bild geschaffen worden sind: *Wir sind das Bild Gottes selbst* ... Etwa so wie die holographische Platte, die das Ganze in jedem Teil enthält, ist jedes menschliche Wesen das Bild der göttlichen Totalität.

Grichka Bogdanov: Ich kann Ihnen vielleicht helfen, Ihren Gedanken zu verdeutlichen, indem ich den Weg dieser Metapher, die das berühmte Hologramm eröffnet, noch weiter gehe. Dazu müssen wir uns zunächst daran erinnern, daß die Materie auch aus Wellen besteht, wie Louis de Broglie gezeigt hat. Die Materie der Gegenstände besteht also selbst aus Wellenkonfigurationen, die mit Energiekonfigurationen interferieren. Das Bild, das sich daraus ergibt, ist das einer codierenden Konfiguration – das heißt ähnlich unserem Hologramm – aus Materie und Energie, die sich unablässig im ganzen Universum ausbreitet. Jede Region des Raums, so klein sie auch sein mag, bis hin zum einfachen Photon, das ebenfalls eine Welle oder ein »Wellenpaket« ist, enthält – wie jede Region der holographischen Platte – die Konfiguration des Ganzen; was auf unserem winzigen Planeten geschieht, ist von allen Hierarchien der Strukturen des Universums diktiert.

Jean Guitton: Ich muß gestehen, das ist eine atemberaubende Vorstellung: ein unendliches holographisches Universum, in dem jede Region, obwohl getrennt, das Ganze enthält. Damit sind wir ein weiteres Mal auf das Bild einer göttlichen Totalität verwiesen, sowohl im Raum als auch in der Zeit.

Und somit stoßen wir auf das erste Prinzip eines kontinuierlichen, holistisch geordneten Universums: Alles spiegelt alles übrige wider. Darin müssen wir eine der bedeutsamsten Errungenschaften der Quantentheorie sehen. Auch wenn unser Geist noch nicht alle ihre Konsequenzen verarbeitet hat, stellt diese Revolution doch etwas weit Wichtigeres dar als im Mittelalter der Wandel der Vorstellung von einer flachen Erde zu der einer runden Erde. Die Kaffeetasse auf diesem Tisch, die Kleider, die wir tragen, das Bild, das ich gerade male – alle diese Dinge, die wir als Teile identifizieren, tragen die Totalität in sich verborgen: kosmische Staubkörner und Atome Gottes, *wir alle halten das Unendliche in unserer Hand*.

In diesem Buch haben wir zu zeigen versucht, daß der alte Materialismus – derjenige, der den Geist ins verschwommene Universum der Metaphysik verwies – heute keine Gültigkeit mehr hat. In gewisser Weise »beruhigend und vollständig«, übte der Materialismus die unwiderstehliche Verführungskraft der alten Logik auf uns aus; die Elemente des Universums waren fest und stabil, die Geheimnisse des Kosmos, seine offenkundigen Ungewißheiten waren lediglich der Beweis für unsere Unzulänglichkeit, für unsere inneren Grenzen: kurz, Probleme, die eines mehr oder weniger fernen Tages ebenfalls gelöst werden würden.

Doch die neue Physik und die neue Logik haben diese Auffassung erschüttert. Das Komplementaritätsprinzip besagt, daß die elementaren Bestandteile der Materie, wie die Elektronen, Entitäten mit doppeltem Gesicht sind; wie Janus erscheinen sie uns bald als Teilchen fester Materie, bald als immaterielle Wellen. Diese beiden Beschreibungen widersprechen einander, und dennoch braucht der Physiker sie beide gleichzeitig. Er ist also gezwungen, sie so zu behandeln, als wären sie gleichzeitig exakt und koexistent. Hier war Werner Heisenberg der erste, der verstand, daß die Komplementarität zwi-

schen dem Teilchenzustand und dem Wellenzustand ein für allemal dem kartesischen Dualismus zwischen Geist und Materie ein Ende setzte: Das eine wie das andere sind einander ergänzende Elemente ein und derselben Realität.

Auf diese Weise hat sich die grundlegende Unterscheidung zwischen Materie und Geist irreversibel verändert. Daraus ergibt sich eine neue philosophische Auffassung, der wir den Namen Metarealismus gegeben haben.

Dieser neue Weg, den die Quantenphysik gewiesen hat, verändert das Bild, das sich der Mensch vom Universum macht, weit radikaler, als die kopernikanische Wende es tat. Auch wenn viele Menschen diese Veränderung noch nicht zur Kenntnis genommen haben, auch wenn die in der Kausalität und im Determinismus verharrenden Dogmen und Tabus der Wissenschaft des 19. Jahrhunderts bezüglich der Begriffe von Raum, Zeit, Materie und Energie noch immer das Denken beherrschen, ist die Zeit doch nicht mehr fern, wo man diese traditionalistischen Begriffe nur noch als Anachronismen in der Ideengeschichte betrachten wird.

Durch die Entmaterialisierung des Begriffs Materie haben die Physiker uns zugleich die Hoffnung auf einen neuen philosophischen Weg gegeben: den Weg des Metarealismus, den Weg eines bestimmten Jenseits, den Weg einer letzten Verschmelzung von Materie, Geist und Realität.

Auf dem Weg zum Metarealismus

JEAN GUITTON: Auf dieser letzten Station unseres Dialogs ist der Augenblick gekommen, nach einem Jenseits jener alten Debatte zu suchen, in der die beiden grundlegenden Lehren über die Natur des Seins so lange in Widerstreit standen: Materialismus und Spiritualismus. Desgleichen müssen wir nach einem dritten Weg zwischen den beiden Erkenntnisphilosophien suchen, dem Realismus und dem Idealismus. Und dort, am Ende einer Synthese von Geist und Materie, werden wir jener neuen Weltsicht begegnen, die sowohl eine ontologische Lehre als auch eine Erkenntnistheorie ist: dem *Metarealismus*.

IGOR BOGDANOV: An diesem Punkt halte ich es für wichtig, die Unterschiede zwischen Spiritualismus und Idealismus einerseits und zwischen Materialismus und Realismus andererseits zu verdeutlichen.

JEAN GUITTON: Obwohl sie einander ergänzen, rühren diese beiden Begriffspaare an zwei unterschiedliche Probleme: Während der Spiritualismus (der dem Materialismus entgegensteht) eine Lehre über das Sein ist, ist der Idealismus (dem Realismus entgegengesetzt) eine Erkenntnistheorie. In den Augen des Spiritualisten hat die Realität eine rein geistige Dimension; der Materialismus dagegen reduziert das Reale auf eine streng mechanische Dimension, wobei der Geist keine Rolle spielt und im übrigen keine unabhängige Existenz besitzt.

Sehen wir uns nun den Idealismus an: Ihm zufolge ist das Reale nicht zugänglich. Existiert es als unabhängige Realität? Das zu behaupten ist unmöglich: Es existieren lediglich unsere Wahrnehmungen von ihm. Für den Realismus dagegen hat die Welt eine objektive, vom Beobachter unabhängige Realität, und wir nehmen sie wahr, *so wie sie ist*.

Keine dieser Haltungen scheint mir heute mit dem Realen und den Vorstellungen, die es weckt, übereinzustimmen: Das einzige Modell der Welt, das heute annehmbar ist, beruht auf der modernen Physik.

Im Laufe meiner Überlegungen habe ich folgenden Gedanken Heisenbergs herausgelöst, der in der These, der wir uns anschließen wollen, festgehalten zu werden verdient: »Wenn man die innere Stabilität der Begriffe der normalen Sprache im Verlauf der wissenschaftlichen Entwicklung ins Auge faßt, sieht man, daß – nach der Erfahrung der modernen Physik – unsere Haltung gegenüber Begriffen wie menschlicher Geist, Seele, Leben oder Gott anders sein wird als die des 19. Jahrhunderts.«

IGOR BOGDANOV: Ähnliche Betrachtungen haben übrigens den Astrophysiker Arthur Stanley Eddington zu folgender Bemerkung veranlaßt: »Vielleicht kann man sagen, daß die Schlußfolgerung, die aus den Argumenten der modernen Wissenschaft gezogen werden muß, lautet, daß für einen vernünftigen Wissenschaftler die Religion etwa um das Jahr 1927 möglich geworden ist.«

Jean Guitton: Das Jahr 1927 ist eines der wichtigsten in der Geschichte des zeitgenössischen Denkens. Es markiert den Beginn der metarealistischen Philosophie. Es ist das Jahr, in dem Heisenberg seine Unbestimmtheitsrelation darlegt, in dem Georges Lemaître seine Theorie über die Ausdehnung des Universums formuliert, in dem Einstein seine vereinheitlichte Feldtheorie vorschlägt, in dem Teilhard de Chardin die ersten Elemente seines Werks publiziert. Und es ist das Jahr des Kopenhagener Kongresses, der die offizielle Begründung der Quantentheorie markiert.

Ist es nun aber nicht bezeichnend, daß diese erkenntnistheoretischen Umwälzungen von Wissenschaftlern hervorgerufen worden sind?

Die Philosophen selbst müssen nach der tiefen Bedeutung dieser Umwälzungen forschen, indem sie insbesondere folgende Frage beantworten: Was will uns die Wissenschaft übermitteln? Welche neuen Werte schlägt sie vor, und inwiefern trägt sie dazu bei, eine neue Weltsicht zu prägen?

Um diese Fragen zu beantworten, müssen wir einen metarealistischen Standpunkt einnehmen. Die Niederschläge der Wissenschaft im Bereich der Philosophie geben uns zum erstenmal die Mittel an die Hand, die Synthese zwischen Materialismus und Spiritualismus herzustellen, Realismus und Idealismus miteinander zu versöhnen: Die immanente Realität, die wir wahrnehmen, trifft dann mit dem transzendenten Prinzip zusammen, aus dem sie vermutlich entstanden ist.

Erinnern wir daran, daß die spiritualistischen Philosophen einhellig bestreiten, daß der menschliche Geist einen materiellen Ursprung hat, und behaupten, das Denken sei eine der Materie vorausgehende Gegebenheit des Universums. Einige von ihnen, die noch extremistischer sind, bestreiten sogar die autonome Existenz der Materie. Das gilt für Berkeley, für den das Universum lediglich ein Bild Gottes ist.

IGOR BOGDANOV: Sind Leibniz' »Monaden« nicht ebenfalls eine Form des Spiritualismus?

JEAN GUITTON: Ja, aber auf die Spitze getrieben. Das philosophische System von Leibniz führt zu einer Art *objektivem Spiritualismus*, insofern er, wie Platon oder Hegel, die Existenz einer »objektiven« geistigen Basis postuliert, die vom menschlichen Bewußtsein unterschieden und von ihm unabhängig ist. Diese objektive geistige Basis war nichts anderes als Hegels Absolute Idee oder einfacher: Gott. In diesem Fall ist Gott dem Universum transzendent und vermischt sich nicht mit ihm.

GRICHKA BOGDANOV: Hier erhebt sich die Frage: Wenn das Universum auf der Existenz eines transzendenten Seins beruht, wie kann man dieses Sein dann erreichen? Sind wir faktisch nicht vom tiefen Wesen dieses Universums abgeschnitten?

IGOR BOGDANOV: Diesen Standpunkt entwickeln die idealistischen Strömungen. Unter dem Namen Idealismus sammeln sich die Philosophien, für die die Realität »an sich« nicht erkennbar ist: Die einzige Evidenz einer Außenwelt beruht auf unseren Wahrnehmungen, unseren Empfindungen für Farbe, Dimension, Geschmack, Form usw. Schon am Tag unserer Geburt lehrt man uns, daß wir eine gemeinsame Wahrnehmung der Welt haben müssen. Was eine Person als Baum, Blume, Fluß wahrnimmt, muß auch jede andere Person als Baum, Blume oder Fluß wahrnehmen. Das ist die direkte Folge unseres gemeinsamen Glaubens an eine Welt »an sich«.

Der Kybernetiker Heinz von Foerster sagt nun aber, daß der menschliche Geist nicht wahrnimmt, was *da* ist, sondern das, wovon er *glaubt*, es sei da. Unser Sehvermögen hängt von der Retina ab, die das Licht der Außenwelt absorbiert und dann dem Gehirn Signale übermittelt. Dasselbe Schema gilt im übrigen für alle anderen Sinneswahrnehmungen. Dabei nimmt unsere Retina die Farbe gar nicht wahr, wie von Foerster erklärt; sie ist blind für die Qualität des Reizes und nur für die Quantität empfänglich. »Das dürfte keine Überraschung sein«, fügt er hinzu, »denn in Wahrheit gibt es weder Licht noch Farbe *an sich*: es gibt lediglich elektromagnetische Wellen.«

Desgleichen gibt es weder Töne noch Musik: lediglich momentane Änderungen des Luftdrucks auf unser Trommelfell. Es gibt weder Wärme noch Kälte: lediglich Moleküle, die sich mit mehr oder weniger kinetischer Energie bewegen, und so fort.

Kurz, den Idealisten zufolge werden wir nicht als Teil der Welt geboren: *Wir werden als Teil von etwas geboren, das wir innerhalb der Welt konstruieren.* Der Idealismus drängt die Idee auf, daß jeder von uns in einer Art »Bewußtseinssphäre« lebt, die sowohl mit dem unbekannten Realen als auch mit anderen Bewußtseinssphären interferiert. Ein weiteres Mal verflüchtigt sich die Auffassung einer objektiven Realität; und nach der uns umgebenden Realität zu fragen, ohne all denjenigen Rechnung zu tragen, die sie beobachten, hat dann keinerlei Sinn.[1]

Im Grunde unterrichtet mich meine eigene »Bewußtseinssphäre« in keiner Weise über die Realität selbst: Meine Erkenntnis der Welt reduziert sich auf die Ideen, die ich mir von ihr mache; und was die Wirklichkeit jenseits meiner Sinne betrifft, so bleibt sie, nach dem Ausdruck von Bernard d'Espagnat, dunkel, »verschleiert«, geheimnisvoll und wahrscheinlich unerkennbar.[9]

Grichka Bogdanov: Hier stoßen wir auf den Idealismus in der Physik: Das Reale ist nur dann erfaßbar, meßbar, und *existiert* letztlich nur dann, wenn es beobachtet wird.

Jean Guitton: Was können wir über diese rätselhafte Wirklichkeit sagen? Ich möchte noch einmal auf eine Idee zurückkommen, von der wir in diesem Buch sprachen: Ich ahne, daß wir in jenem berühmten Informationsfeld aus Bewußtsein und Materie versinken, das wir oben beschrieben haben.

Grichka Bogdanov: Und damit sind wir erneut bei der Quantenfeldtheorie. Hier werden die Elementarteilchen als Manifestation eines Quantenfeldes betrachtet, in dem die Materie sowie alle ihre Bewegungen durch so etwas wie ein zugrundeliegendes Informationsfeld erzeugt werden. Der Physiker William Rowan Hamilton geht noch weiter, wenn er sagt, daß die Materie vielleicht das Resultat einer Reihe von Wechselwirkungen zwischen »Informationsfeldern« ist: Ein Teilchen entfaltet sich in der »realen Welt« nur in einer Wellenbewegung, die einem Informationsozean entsprungen ist, so wie eine große Wasserwoge von der allgemeinen Bewegung des Ozeans hervorgebracht wird. Eben diese ständige Strömung, diese Art »Ebbe und Flut« läßt ein Objekt entstehen, das alle Eigenschaften eines materiellen Teilchens hat.

Analog sind die Elementarteilchen, der kausalen Interpretation David Bohms zufolge, einem globalen Quantenfeld entsprungen. Dabei spielt die Information eine bestimmende Rolle, da sie nicht nur die Quantenprozesse, sondern auch die Teilchen selbst erzeugt. Sie ist daher verantwortlich dafür, auf welche Weise sich die Quantenprozesse anhand des Quantenfeldes des Universums entfalten.

Jean Guitton: Das alles bestätigt, daß die Ordnung des Geistes und die Ordnung der Materie nicht irreduzibel sind, sondern in dem allgemeinen Spektrum liegen, das sich von der mechanischen Ordnung bis zur »geistigen« Ordnung erstreckt. Wenn der Ursprung von Geist und

Materie ein gemeinsames Spektrum ist, wird klar, daß ihr Dualismus auf einer Täuschung beruht, die sich der Tatsache verdankt, daß man lediglich die mechanischen Aspekte der Materie und die Ungreifbarkeit des Geistes betrachtet.[3]

IGOR BOGDANOV: Wir begegnen hier einer mit der Heisenbergschen Unschärferelation übereinstimmenden Idee, der zufolge wir die physikalische Welt nicht *beobachten*, sondern *an ihr teilnehmen*. Unsere Sinne sind nicht getrennt von dem, was »an sich« existiert, sondern in einen komplexen Rückkopplungsprozeß einbezogen, dessen Endergebnis in Wirklichkeit darin besteht zu *erschaffen*, was »an sich« ist.

Der neuen Physik zufolge träumen wir die Welt. Wir träumen sie als etwas Dauerhaftes, Geheimnisvolles, Sichtbares, räumlich Allgegenwärtiges und zeitlich Stabiles. Doch jenseits dieser Illusion verflüchtigen sich alle Kategorien des Realen und Irrealen. So wie man nicht mehr die Ansicht vertreten kann, daß Schrödingers Katze *entweder* lebendig *oder* tot ist, sowenig kann man die objektive Welt als existent oder nichtexistent wahrnehmen: Geist und Welt bilden ein und dieselbe Realität.

JEAN GUITTON: Wie Pearce sagt: »Der menschliche Geist spiegelt ein Universum, das den menschlichen Geist spiegelt.« Daher kann man nicht einfach sagen, daß Geist und Materie koexistieren: sie *existieren durch einander*. In gewisser Weise ist das Universum im Begriff, durch uns von sich selbst zu träumen: Der Metarealismus beginnt genau in dem Augenblick, wo der Träumer sich seiner selbst und seines Traums bewußt wird.[1]

IGOR BOGDANOV: Es scheint mir interessant, unseren Standpunkt mit dem des großen amerikanischen Physikers Heinz Pagels zu vergleichen: »Was ist das Universum? Ist es ein großer 3-D-Film, in dem wir alle unfreiwillig mitspielen? Ist es ein kosmischer Witz, ein riesiger Rechner, ein Kunstwerk eines höheren Wesens oder nur ein Experiment? Das Universum ist für uns so schwer zu verstehen, weil wir es mit nichts vergleichen können.« Dennoch fährt Heinz Pagels fort, wobei er den Standpunkt der meisten Physiker zum Ausdruck bringt: »Ich glaube, das Universum ist eine in einem Code, einem kosmischen Code, abgefaßte Nachricht, und der Wissenschaftler hat die Aufgabe, diesen Code zu entschlüsseln.«[8]

JEAN GUITTON: Um die Existenz dieses kosmischen Codes akzeptieren und ihn verstehen zu können, muß man seinem Denken einen metarealistischen Rahmen geben. Ich fordere den Leser also auf, über die drei Merkmale nachzudenken, die mir diesen Rahmen zu definieren scheinen:

- *Geist und Materie bilden ein und dieselbe Realität;*
- *der Schöpfer dieses Universums aus Materie und Geist ist transzendent;*
- *die Realität »an sich« dieses Universums ist nicht erkennbar.*

Ist unser Vorgehen legitim? Jedenfalls findet es ein verwirrendes Echo in der Philosophie eines Denkers, der im tiefen Mittelalter die Eingebung dessen hatte, was den Metarealismus ankündigte: Thomas von Aquin. Als Metaphysiker, Logiker und Theologe zugleich hat er sich vorgenommen, den christlichen Glauben mit der rationalen Philosophie von Aristoteles zu versöhnen.

Noch eine letzte Anmerkung, um den Schluß dieses Dialogs zu erhellen und ein leises Bedauern darüber zu zerstreuen, daß er zu Ende geht. Daß Thomas von Aquin einen so tiefen Einfluß auf das zeitgenössische Denken ausübt, liegt vielleicht daran, daß er als erster versuchte, das, was *geglaubt* wird, mit dem, was *gewußt* wird, in Einklang zu bringen: den Akt des Glaubens mit dem Akt des Wissens, kurz: Gott und die Wissenschaft.

Epilog: Warum gibt es etwas und nicht nichts?

Welche Sicherheit? Welche Hoffnung? Welches Wissen? Was müssen wir von diesem Versuch einer gesprochenen Philosophie in Erinnerung behalten?

Zunächst eine Art und Weise, Sinn im Unbedeutenden zu suchen, »Planvolles« noch im kleinsten Zufall; Ereignis in der Winzigkeit der Dinge: im Blatt eines Baumes, im Gesang eines Vogels, im Fall eines Wassertropfens, im Wind in der Leere.

Alle diese kleinen Dinge wirken im Unsichtbaren zusammen, um das Reale zu bilden, konvergieren in unserem Innern, um dort ein ununterdrückbares Bedürfnis entstehen zu lassen: den Wunsch nach Realität.

Eben dieser Wunsch hat uns im Laufe unserer Dialoge dazu gedrängt, nach dem Sein zu suchen.

Was aber haben wir von diesem Sein gesehen? Vor allem seine Dichte, seine Undurchdringlichkeit und zugleich seine Winzigkeit sowie die Vielfalt seiner Formen; unser Dialog fand also seine natürliche Grenze, seinen höchsten Haltepunkt mit folgender Idee: Die unabhängige Realität ist uns unzugänglich, das Reale ist verschleiert, für immer unerkennbar.(9)

Vielleicht auch wird uns zum erstenmal bewußt, daß das Glück eines »modernen« Denkens am Kreuzungspunkt der neuen Physik und der Philosophie darin besteht, das Rätsel des Universums beschrieben zu haben, auch wenn ein noch tieferes, noch schwierigeres Rätsel an seine Stelle trat, das Rätsel des Geistes selbst.

Bleibt also die letzte, die furchterregendste Frage. Sie hat diesen Dialog eröffnet und sollte ihn auch beschließen: Was ist die Bedeutung des Universums? Wo führt uns das alles hin? *Warum gibt es etwas und nicht nichts?*

Diejenigen, die durch tiefes Denken in diese Fragen eindringen, erleben auf Anhieb ein sehr intensives philosophisches Schwindelgefühl. Teilhard de Chardin war knapp sieben Jahre alt, als er plötzlich vor dem Geheimnis stand. Seine Mutter hatte ihm eine Haarsträhne gezeigt und ein Streichholz daran gehalten: die Strähne wurde vernichtet. Sobald die Flamme erloschen war, hatte der kleine Teilhard die Absurdität des Nichts gespürt. Und da die Erfahrungen der Negation, des Todes, der Angst und der Sünde stärker sind als ihr Gegenteil, fragt sich Teilhard: Warum gibt es Dinge? Warum haben sie ein Ende? Woher kommt dieses Sein, das in mir ist – das ich *ist* – und das den tiefen Grund seiner Existenz nicht kennt?

Das Universum: Hunderte von Milliarden Sterne, verteilt auf Milliarden Galaxien, die sich ihrerseits in einer lautlosen, leeren und eisigen Unermeßlichkeit verlieren. Das Denken erschrickt vor diesem Universum, das so anders ist als es selbst und das ihm monströs, tyrannisch und feindselig vorkommt: Warum existiert es? Und warum existieren wir durch es?

Zwanzig Milliarden Jahre nach ihrem Erscheinen setzt die Materie ihren Lauf in der Raum-Zeit fort. Doch wohin führt er uns?

Die Kosmologie antwortet, daß das Universum nicht ewig ist. Daß es ein Ende haben wird, auch wenn dieses Ende in unermeßlicher Ferne liegt. Es wird einem der zwei möglichen Tode nicht entrinnen können: Tod durch Kälte oder Tod durch Feuer.

Im ersten Fall ist das Universum »offen«, wie man sagt: Seine Expansion setzt sich immer weiter fort, wobei sich die Galaxien im Unendlichen verlieren und die Sterne einer nach dem anderen erlöschen, nachdem sie ihre letzten Reserven abgestrahlt haben. Jenseits der Lebensdauer des Protons zerfällt die Materie selbst. Dann kommt der letzte Augenblick, wo die letzten kosmischen Staubteilchen ihrerseits im Innern des ungeheuren schwarzen Loches verschwinden, zu dem das sterbende Universum geworden ist. Schließlich wird auch die Raum-Zeit aufgesogen: Alles fällt ins Nichts zurück. Aus metaphysischer Sicht ist nichts schmerzlicher als dieses Verglühen, dieses Aufsteigen eines Materieschnees, diese lange Entflechtung, diese grenzenlose Strahlung, die alle Farben des Regenbogens annimmt, bevor sie verschwindet.

Woraus wird dieses Nichts bestehen? Was wird übrigbleiben von der Information, die sich während Hunderten von Milliarden Jahren überall im Universum angehäuft hat?

Eine Antwort wird vielleicht durch die Entdeckung ermöglicht, daß zwischen der Information eines Systems (seiner Organisation) und der Entropie (dem Zerfall der Ordnung dieses Systems) eine Beziehung besteht.

Mit den meisten Physikern kann man einräumen, daß der Erwerb der Information (das heißt einer Erkenntnis) Energie verbraucht und damit die Zunahme der globalen Entropie innerhalb eines Systems hervorruft. Anders gesagt, wenn die Entropie die physikalische Unordnung eines Systems mißt, ist sie gleichzeitig auch ein indirekter Hinweis dafür, daß dieses System lokal eine bestimmte Informationsmenge besitzt. Die Informationstheorie läuft also auf eine überraschende Feststellung hinaus: Das Chaos ist ein Hinweis dafür, daß es innerhalb eines Systems eine bestimmte Informationsmenge gibt.

Der Zustand der maximalen Unordnung, die das Universum zum Zeitpunkt seines Verschwindens kennzeichnet, läßt sich dann als das Zeichen dafür interpretieren, daß jenseits des materiellen Universums eine ebenfalls maximale Information vorhanden ist.

Hier verschmilzt die Finalität des Universums mit seinem Ende: Erkenntnis produzieren und freisetzen. In diesem letzten Stadium wird die ganze Geschichte des Kosmos, seine Hunderte von Milliarden Jahre währende Evolution, in eine Totalität reiner Erkenntnis umgewandelt sein.

Welche Entität wird diese Erkenntnis besitzen, wenn nicht ein unendliches, das Universum selbst transzendierendes Sein? Und was wird es mit diesem unendlichen Wissen tun, das es konstituiert und dessen Ursprung es gleichzeitig ist?

Das langfristige Schicksal des Universums ist nicht vorhersehbar. Zumindest noch nicht. Wenn die Gesamtmasse einen bestimmten kritischen Wert übersteigt, wird nach einer mehr oder weniger langen Zeitspanne die Expansionsphase ein Ende nehmen. In diesem Fall ist es möglich, daß eine Kontraktion den Kosmos wieder zu seinem ursprünglichen Punkt zurückbringt. Die Materie, die die Galaxien, die Sterne, die Planeten bilden – all das würde komprimiert, bis es wieder ein bloßer mathematischer Punkt wäre, der Raum und Zeit annulliert.

Auch wenn dieses Szenario dem vorhergehenden entgegensteht, kehrt doch auch hier alles zum Nichts zurück. Auch hier trennt sich am Ende eines langsamen Entmaterialisierungsprozesses die Information von der Materie, wie um sich für immer von ihr zu befreien.

Ist aus dieser Betrachtung über das kosmische Schicksal ein Schluß zu ziehen? Was kann man über ein Universum denken, das sich zwischen zwei Nichts befindet? Im wesentlichen folgendes: Dieses Universum hat nicht das Merkmal des Seins an sich. Es setzt die Existenz eines Seins voraus, das sich von ihm unterscheidet, außerhalb seiner liegt. Wenn unsere Realität zeitlich ist, dann ist die Ursache dieser Realität ultrazeitlich und der Zeit wie dem Raum transzendent.

Damit sind wir jenem Sein, das die Religion Gott nennt, sehr nahe. Doch nähern wir uns ihm noch weiter: Unter den verschiedenen wissenschaftlichen Feststellungen über das Reale gibt es drei, die sehr stark auf die Existenz einer unsere Realität transzendierenden Entität hinweisen.

Erste Feststellung: Das Universum erscheint uns als endlich, in sich geschlossen. Wenn wir es mit einer Seifenblase vergleichen, die alles ausfüllt, was befindet sich um diese Blase »herum«? Woraus besteht das »Äußere« der Seifenblase? Es ist unmöglich, sich einen Raum außerhalb des Raums vorzustellen, der ihn enthielte: Aus physikalischer Sicht kann ein solches Äußeres nicht existieren.

Wir sind also veranlaßt, jenseits unseres Universums die Existenz von »etwas« weit Komplexerem zu postulieren: eine Totalität, in der unsere Realität eingetaucht ist, etwa wie eine Welle in einem gewaltigen Ozean.

Die zweite Frage: Ist das Universum notwendig oder im Gegenteil zufällig? Gibt es über der Unbestimmtheit der Quanten einen höheren Determinismus? Da die Quantentheorie nachgewiesen hat, daß die probabilistische Interpretation die einzige ist, die es uns erlaubt, das Reale zu beschreiben, müssen wir daraus schließen, daß es, angesichts einer schwankenden Natur, außerhalb des Universums eine Ursache für die Harmonie der Ursachen geben muß, eine unterscheidende, von diesem Universum unterschiedene Intelligenz.

Schließen wir mit dem dritten, dem bedeutsamsten Argument: dem anthropischen Prinzip.

Das Universum wirkt konstruiert und mit unvorstellbarer Präzision mittels einiger großer Konstanten geregelt. Es handelt sich dabei um unveränderliche Normen, die berechenbar sind, ohne daß wir erklären können, warum die Natur genau diesen Wert und nicht einen anderen gewählt hat. Man muß sich mit der Idee vertraut machen, daß in allen Fällen, die sich von dem »mathematischen Wunder«, auf dem unsere Realität beruht, unterscheiden, das Universum die Merkmale des absoluten Chaos aufgewiesen hätte: Es wäre ein ungeordneter Tanz von Atomen, die sich verkoppeln und einen Augenblick später wieder entkoppeln würden, um unablässig in ihre unsinnigen Strudel zurückzusinken. Und da der Kosmos auf das Bild einer Ordnung verweist, führt uns diese Ordnung ihrerseits zur Existenz einer Ursache und eines Endes, die ihr äußerlich sind.

Nach allem, was gesagt wurde, können wir das Universum als eine in einem Geheimcode abgefaßte Nachricht begreifen, als eine Art kosmische Hieroglyphe, die wir gerade erst zu entschlüsseln beginnen. Was aber enthält diese Nachricht? Jedes Atom, jedes Fragment, jedes Staubkorn existiert in dem Maße, wie es Teil einer universellen Bedeutung ist. Und so gliedert sich der kosmische Code auf: zuerst Materie, dann Energie und schließlich Information. Gibt es noch etwas darüber hinaus? Wenn wir die Idee akzeptieren, daß das Universum eine geheime Nachricht ist – *wer* hat diese Nachricht abgefaßt? Wenn uns das Rätsel dieses kosmischen Codes von seinem Urheber aufgenötigt worden ist – bilden unsere Entzifferungsbemühungen dann nicht eine Art Muster, so etwas wie einen immer klarer werdenden Spiegel, in dem der Urheber der Nachricht die Erkenntnis erneuert, die er von sich selbst hat?

Vor nunmehr einem halben Jahrhundert starb Henri Bergson. Wie alle Philosophen von der letzten Frage umgetrieben, hatte er etwas Seltsames gemurmelt: »Das Universum ist eine Maschine, um Götter hervorzubringen...«

Das war sein letzter philosophischer Seufzer.

Jean Guitton
Grichka Bogdanov
Igor Bogdanov

Bibliographie

Audouze, Jean / Cassé, Michel / Carrière, Jean-Claude: *Conversation dans l'invisible*, Belfond, Paris.

dies.: *Aujourd'hui, l'univers*, Belfond, Paris 1989.

Bohm, David: *Die implizite Ordnung* (übers. v. J. Wilhelm), Dianus-Trikont, München 1985.

Carter, Brandon: *The Anthropic Selection Principale*, Cambridge University Press, Cambridge.

Davies, Paul: *Die Urkraft* (übers. v. E. P. Fischer), Rasch u. Röhring, Hamburg 1987.

d'Espagnat, Bernard: *Auf der Suche nach dem Wirklichen* (übers. v. A. Ehlers), Springer, Berlin-Heidelberg-New York 1983.

Einstein, Albert: *Grundzüge der Relativitätstheorie*, Vieweg, Wiesbaden ^{6}1990.

ders.: *Über die spezielle und die allgemeine Relativitätstheorie*, Vieweg, Wiesbaden ^{23}1988.

Gribbin, John: *Auf der Suche nach Schrödingers Katze* (übers. v. F. Griese), Piper, München 1987.

Hawking, Stephen: *Eine kurze Geschichte der Zeit* (übers. v. H. Kober), Rowohlt, Reinbek 1988.

Heidmann, Jean: *Odyssee im Kosmos* (übers. v. N. Launinger), Birkhäuser, Basel 1990.

Pagels, Heinz R.: *Cosmic Code. Quantenphysik als Sprache der Natur* (übers. v. R. Friese), Ullstein, Berlin 1983.

Peat, F. David: *Synchronizität* (übers. v. G. Geerts), Scherz, München 1991.

Prigogine, Ilya / Stengers, Isabella: *Dialog mit der Natur* (übers. v. F. Griese), Piper, München 1990.

Reeves, Hubert: *Patience dans l'azur*, Le Seuil, Paris 1988.

ders.: *Die kosmische Uhr* (übers. v. N. Börnsen), Claassen, Düsseldorf 1989.
Sagan, Carl: *Die Drachen von Eden. Das Wunder der menschlichen Intelligenz* (übers. v. E. v. Scheidt), Droemer-Knaur, München 1978.
Schrödinger, Erwin: *Was ist Leben?* (übers. v. L. Mazurczak), Piper, München 1987.
Talbot, Michael: *Jenseits der Quanten* (übers. v. U. Fassbender), Heyne, München 1990.
ders.: *Mystik und neue Physik* (übers. v. U. Fassbender), Heyne, München 1989.
Trinh Xuan Thuan: *La Mélodie secrète*, Fayard, Paris 1988.
Weinberg, Steven: *Die ersten drei Minuten. Der Ursprung des Universums* (übers. v. F. Griese), Piper, München 1986.
Colloquium von Córdoba: *Science et Conscience*, Stock, Paris 1980.
Besondere Erwähnung verdient überdies die Sammlung »Science et Conscience« (Editions Le Mail).

Dank

Wir danken unserem Freund Matthieu de la Rochefoucauld für die aufmerksame Lektüre des Manuskriptes.

Unser Dank gilt auch den Wissenschaftlern, deren Forschungen und Publikationen uns erlaubt haben, unsere Thesen zu untermauern: Jean Audouze, David Bohm, Brandon Carter, Michel Cassé, Bernard d'Espagnat, Paul Davies, John Gribbin, Alan Guth, Stephen Hawking, Jean Heidmann, Heinz Pagels, F. David Peat, Ilya Prigogine, Hubert Reeves, Erwin Schrödinger, Michaël Talbot, Trinh Xuan Thuan, Steven Weinberg.

Unsere wissenschaftliche Dokumentation wurde weitgehend von folgenden Organisationen unterstützt: Académie des Sciences, Agence Jules Verne, C. N. R. S., Institut d'Astrophysique, National Academy of Sciences (USA), National Science Foundation (USA).

All ihnen gebührt unser Dank.

Glossar

Absoluter Nullpunkt: Beginn der wissenschaftlichen Temperaturskala bei −273,15 °C. Am absoluten Nullpunkt befinden sich alle physikalischen Systeme im Zustand niedrigster Energie.

Agnostizismus: Die Lehre von der Unerkennbarkeit des wahren Seins, d. h. von der Transzendenz des Göttlichen.

Determinismus: In den Naturwissenschaften die Voraussetzung eines durchgängigen Kausalzusammenhanges aller Vorgänge in der Welt, auch der seelischen Erlebnisse und Willenshandlungen. In der Ethik die Annahme einer Bestimmung des Willens durch innere oder äußere Ursachen, die die Freiheit des Willens ausschließt; in der Theologie die Lehre, daß das menschliche Wollen vollständig durch Gott bestimmt und bewirkt wird.

DNS: Abkürzung für Desoxyribonukleinsäure (engl. DNA), Träger der genetischen Information. Komplexes Molekül, das aus einer sog. Doppelhelix besteht, die von zwei sich paarenden DNS-Strängen gebildet wird. Ihr Bau ist vergleichbar mit einer spiralig aufgewundenen Leiter, deren Sprossen die genetische Information in Form von Basensequenzen tragen. Die Seitenteile der Leiter werden von Zuckerphosphaten gebildet, die keine genetische Information tragen. Bei der Zellteilung wird die DNS-Doppelhelix so stark aufgewickelt, daß mikroskopisch sichtbare Strukturen (Chromosomen) entstehen.

Dualismus: Die Lehre von zwei absolut voneinander verschiedenen und gegenseitig unabhängigen Prinzipien, Mächten oder Substanzen. Einen Dualismus bezeichnen die Begriffspaare: Welt der Ideen und Welt der Wirklichkeit (Platon), Gott und Teufel (gutes und böses Prinzip), Gott und Welt, Geist und Materie, Natur und Geist, Seele und Leib, Denken und Ausdehnung (Descartes), anorganische und organische Natur, Subjekt und Objekt, Sinnlichkeit und Verstand, Glauben und Wissen, Naturwissenschaft und Geisteswissenschaft, Naturnotwendigkeit und Freiheit, Diesseits und Jenseits u. a.

Dualismus, kartesischer: Die von Descartes (1596–1650) behauptete strenge Trennung von denkender und ausgedehnter Substanz (res cogitans und res extensa), Geist und Materie, Seele und Körper, die nur durch die Mitwirkung Gottes in Übereinstimmung gedacht werden können.

Elementarteilchen: subatomare Existenzformen (»Zustände«) der Materie. Außer den seit 1897, 1910 und 1932 bekannten Bestandteilen der Atome und Moleküle, den *Elektronen, Protonen* und *Neutronen*, sind in Beschleunigungsanlagen über 200 weitere, meist sehr schnell zerfallende Elementarteilchen entdeckt worden. Die kurzlebigen Elementarteilchen (z. B. *Neutrinos, Mesonen, Hyperonen* u. a.) sind Urheber und Träger aller atomaren und subatomaren Wechselwirkungsprozesse. Nach Art ihrer Wechselwirkung, ihrer Masse und der für sie gültigen Statistik lassen sich vier Familien unterscheiden: *Photonen, Leptonen, Mesonen* und *Baryonen*. Das *Photon* (Lichtquant) unterliegt allein elektromagnetischer Wechselwirkung, die *Leptonen* wechselwirken elektromagnetisch und »schwach«, die *Mesonen* und *Baryonen*, die man auch als *Hadronen* zusammenfaßt, elektromagnetisch »schwach« und »stark«. Man geht heute davon aus, daß die *Leptonen* und die *Quarks* die fundamentalen Bausteine der Materie sind; die *Hadronen* werden als Kombination von Quarks angesehen.

Entität: Die Seinshaftigkeit, das Dasein im Unterschied zum Wesen eines Dings.

Entropie: Maß für die Unordnung in einem System, physikalische Größe, die die Verlaufsrichtung eines Wärmeprozesses kennzeichnet. Mit Hilfe der Entropie läßt sich der Teil der Wärmeenergie berechnen, der wegen seiner gleichmäßigen Verteilung auf alle Moleküle des Systems nicht in mechanische Arbeit umgesetzt werden kann.

epistemologisch: Erkenntnistheoretisch; der Ausdruck wird weniger in der dt. als in der frz. und besonders in der engl. Philosophie verwendet.

Foucaults Pendel: Der französische Physiker Jean Bernard Léon Foucault (1819–1868) führte 1850/51 im Pariser Panthéon den nach ihm benannten Pendelversuch zum Nachweis der Achsendrehung der Erde aus. Ein ebenes Pendel behält wegen seiner Trägheit seine Schwingungsebene im Raum bei, falls nicht zusätzliche Kräfte wirksam werden. Bei genügend großer Pendellänge und Pendelmasse beschreibt ein ebenes Pendel infolge der Ablenkung aus seiner Ebene durch die Erddrehung eine gut beobachtbare, räumliche »Rosettenbahn«.

Hadronen: Die stark wechselwirkenden Elementarteilchen, also *Mesonen* und *Baryonen*. Man nimmt an, daß alle Hadronen, zu denen auch das *Proton* und das *Neutron* zählen, aus *Quarks* aufgebaut sind.

Heisenbergsche Unschärferelation: Die von dem Physiker W. Heisenberg aus der Quanten- oder Wellenmechanik abgeleitete Beziehung, die zum Ausdruck bringt, daß man mit voller Genauigkeit grundsätzlich nicht zugleich den Ort eines Elementarteilchens und seinen Impuls, ebenso nicht zugleich die Energie einer Strahlung und den Zeitpunkt ihrer Aussendung bestimmen kann, sondern daß das Produkt der Ungenauigkeit des einen und des anderen Faktors mindestens gleich der Planckschen Konstante h sei.

Idealismus: Im erkenntnistheoretischen und metaphysischen Sinne ist Idealismus zunächst die Lehre Platos und Plotins von den Ideen als der wahren Wirklichkeit, von der unsere Sinne nur die Schattenbilder wahrnehmen. Im weiteren Sinne heißt dann Idealismus jede Philosophie, die in der Welt unserer Wahrnehmung nur eine Scheinwelt oder Erscheinung sieht, hinter der eine für uns nicht erkennbare Welt-an-sich oder eine nur denkbare geistige Wirklichkeit steht.

Invarianz: Unveränderlichkeit von physikalischen oder mathematischen Größen oder Eigenschaften bei bestimmten Operationen, z. B. bei Abbildungen oder Transformationen.

Komplementarität: Von N. Bohr in die Physik eingeführter Begriff, der besagt, daß mikrophysikalische Gebilde nicht gleichzeitig beobachtbare (komplementäre) Eigenschaften haben, bei denen das Auftreten der einen das der anderen verbietet. So kann z. B. ein Elektron je nach Art des durchgeführten Experiments als Teilchen wie auch als Welle erscheinen.

Materialismus: Eine Weltanschauung, nach der es keine andere Wirklichkeit gibt als die Materie, so daß auch Seele, Geist und Denken als Kräfte oder Bewegungen der Materie aufgefaßt werden.

Metarealismus: Durch die Entmaterialisierung des Begriffs Materie haben die Physiker auf einen neuen philosophischen Weg gewiesen, den Weg einer letzten Verschmelzung von Materie, Geist und Realität.

Neutrino: Stabiles Elementarteilchen ohne elektrische Ladung mit einer sehr kleinen, wahrscheinlich verschwindenden Ruhemasse; ihre Wechselwirkung mit der übrigen Materie ist daher sehr schwach.

Neutron: Elementarteilchen ohne elektrische Ladung und mit der Masse des Wasserstoffkerns. Neutronen entstehen vor allem bei der Kernspaltung und spielen bei der Umwandlung und Spaltung von Atomkernen eine entscheidende Rolle.

Nukleotide: Chemische Verbindungen, die besonders für den Aufbau der Nukleinsäure wichtig sind.

Photon: In der Quantentheorie das kleinste Energieteilchen einer elektromagnetischen Strahlung, Lichtquant.

Plancksche Konstante (Plancksches Wirkungsquantum): Eine universelle Konstante, die in den Gesetzen der Atom-, Kern- und Elementarteilchenphysik auftritt, u. a. als Proportionalitätsfaktor in der Beziehung zwischen Energie eines Strahlungsquants und Frequenz einer elektromagnetischen Strahlung.

Plancksche Länge: Das kleinstmögliche Intervall zwischen zwei scheinbar getrennten Objekten.

Plancksche Mauer: Die Physiker bezeichnen damit die »Urmauer« der Nullzeit, als alles, was das Universum enthält (Planeten, Sonnen und Galaxien), in einer mikrokosmischen »Singularität« von unvorstellbarer Kleinheit versammelt war.

Plancksche Zeit: Die kleinstmögliche Zeiteinheit.

Proton: Positiv geladenes, schweres Elementarteilchen, das den Wasserstoffatomkern bildet und mit dem Neutron zusammen Baustein aller Atomkerne ist.

Purin: Aus der Nukleinsäure der Zellkerne entstehende organische Verbindung.

Pyrimidin: Organische chemische Verbindung, Spaltprodukt von Nukleinsäuren.

Quant: Nicht weiter teilbares Energieteilchen.

Quantenfeldtheorie: Verallgemeinerung von klassischer Feldtheorie und Quantentheorie durch Quantisierung der Felder (Quantentheorie der Wellenfelder). Die Quantenfeldtheorie dient zur Beschreibung des Verhaltens von Elementarteilchen und deren Wechselwirkungen.

Quantentheorie: Sie entwickelt und erläutert die allgemeinen physikalischen Gesetze mikrophysikalischer Systeme (wie Moleküle, Atome, Atomkerne, Elementarteilchen, Lichtquanten). Sie berücksichtigt, daß das mikrophysikalische Geschehen nicht stetig, sondern sprunghaft (quantenhaft) ist.

Quarks: Fundamentale Bausteine der Materie, die bisher nicht als freie Elementarteilchen nachgewiesen werden konnten, weil sie möglicherweise nur in gebundener Form als Bestandteile der Hadronen (d. h. der stark wechselwirkenden Elementarteilchen) existieren.

Quasar: Abkürzung für *quasistellare Radioquelle*, ein astronomisches Objekt von sternähnlichem Aussehen im optischen Spektralbereich mit extrem starker langwelliger elektromagnetischer Strahlung.

Realismus: Philosophische Denkrichtung, nach der es eine außerhalb unseres Bewußtseins liegende Wirklichkeit gibt, zu deren Erkenntnis man durch Wahrnehmung und Denken kommt.

Relativitätstheorie: Von E. Mach, H. A. Lorentz und H. Poincaré vorbereitete, von A. Einstein seit 1905 geschaffene und von ihm und anderen Physikern und Mathematikern ausgebaute physikalische Theorie, die das Relativitätsprinzip der Mechanik für die gesamte Physik als gültig nachweist. Mit der Relativitätstheorie hat

Einstein die physikalischen Vorstellungen von Raum und Zeit einschneidend verändert und fortentwickelt.

RNS: Abkürzung für Ribonukleinsäure, wichtiger Bestandteil des Kerneiweißes der Zelle.

S-Matrix: Im Gegensatz zu den klassischen Theorien werden aus dieser neuen Sicht der Physik die Elementarteilchen nicht als Objekte, als Entitäten wahrnehmbar, die als solche signifikant sind, sondern lediglich anhand der Wirkungen, die sie erzeugen. Damit lassen sich die Quarks als »Zwischenzustände« in einem Netz von Wechselwirkungen betrachten.

Spiritualismus: Häufig auch als Idealismus bezeichnet; philosophische Richtung, die das Wirkliche als geistig, das Körperliche als Produkt oder Erscheinungsweise des Geistes oder als nicht vorhanden bzw. auch als bloße Vorstellung annimmt. Gegensatz dazu ist der Materialismus.

Urknall (Big Bang): Nach der Urknall-Theorie die Explosion, mit der das Weltall vor etwa 12–18 Milliarden Jahren entstanden ist. Die Urknall-Theorie geht von einem Anfangszustand des Universums aus, in dem es bei unendlich hoher Temperatur und mit unendlich hoher Dichte auf engstem Raum konzentriert war und beim Urknall explosionsartig auseinandergetrieben wurde, wobei die Temperatur des schnell expandierenden Weltalls rasch abnahm.

Wellenfunktion: Komplexe, zeit- und ortsabhängige Funktion zur mathematischen Beschreibung eines Teilchens in der Quantenmechanik, die auch als *Schrödinger-Funktion* bezeichnet wird. Das Quadrat des Betrages dieser Wellenfunktion gibt die Wahrscheinlichkeit an, mit der sich das Teilchen zu einer bestimmten Zeit an einem bestimmten Ort befindet.